액션
비즈니스 3

_____ 님께

_____ 드립니다.

액션 비즈니스3

액션
비즈니스 3

초판인쇄 | 2024년 6월 25일
초판발행 | 2024년 6월 30일
지은이 | 김두남
펴낸이·펴낸곳 | 아트메이커
등록번호 | 제 2006-000203호
등록일 | 2006년 8월 24일

주소 | 서울시 서초구 서초동 1687-2 중앙서초프라자 309호
전화 | 02-3477-4271
팩스 | 02-3477-4275
E-mail : wwnn@wwnn.co.kr

ISBN 978-89-97654-08-6 03000

잘못 만들어진 책은 교환해드립니다.
이 출판물은 저작권법에 의하여 보호받는 저작물이므로
무단 전재와 무단 복제를 할 수 없습니다.

당신의 일상을 별처럼 반짝이게 할 비즈니스!

액션
비즈니스 3

ART MAKER
BUSINESS PARTNER

PROACTION

스테디 셀러인 로버트 기요사키의 "부자 아빠 가난한 아빠"는 초판 발행 당시에도 엄청난 베스트 셀러였습니다. 그런데 책은 많이 팔렸으나 끝까지 읽지 못하고 던져 버린 직장인들이 많았습니다. '열심히 공부해서 명문대에 들어가고 대기업에 취직'해서 비교적 잘 살고 있다는 자부심이 단순하지만 반박할 수 없는 논리 앞에 무너지는 모습을 보기 힘들었기 때문입니다.

우리는 자신의 신념과 배치되는 정보에 마음을 쉽게 열지 못합니다. 지금까지 믿어왔던 신념이 다른 새로운 진실과 부딪힐 때에 불안한 상태가 됩니다. 이를 인지부조화(cognitive dissonance)라고 합니다. 이 때 사람들은 다시 조화를 추구하는데 그 방법이 둘로 나뉩니다.

다수의 사람들은 새로운 정보를 배척함으로써 불편함을 해소하고, 소수의 사람들만 새로운 정보를 받아들입니다. 다수의 사람들은 '나는 원래 이런 사람이다.'라고 스스로 규정 지으며 확증편향(confirmation bias)에 빠져 있는 편안함을 느낄지도 모릅니다.

그렇지만 사람은 변화합니다. 계절이 바뀌고, 바람이 불고, 파도 치듯이 모든 살아있는 것은 한순간도 멈춰 있지 않습니다. 사람은 한 두 낱말로 규정지을 수 있는 가벼운 존재가 아닙니다. 사람은 누구나 원하는 목표를 위해 스스로 변화하고 자유롭게 조정할 수 있습니다.

자연의 일부인 우리도 한 평생을 사는 데에는 보통 여러 차례 난관을 만납니다. 평균 수명 60세 시대에는 몰라도 100년 가까운 기간을 큰 어려움 없이 살아내는 것은 특별한 준비가 없이는 불가능합니다. 필자는 21세기 들어서면서 암웨이 사업을 만났으니 암웨이와 친구된지 꽤 긴 시간이 흐른 셈입니다. 저에게도 깊은 굴곡이 있었는데 암웨이가 든든한 버팀목 역할을 해줬습니다.

액션 비즈니스라는 이름으로 세 번째 내는 책입니다. 암웨이 사업을 정확하게 전달하려고 노력했으니 마음을 열고 가볍게 한 번 읽어 주시기 바랍니다. 어쩌면 삶에 의미 있는 한막(幕, act)이 열리는 시점일 수도 있습니다. 제가 그랬던 것처럼.

2024년 봄
地山齋에서 **김 두남**
www.winfcfca@gmail.com

PROACTION

CHAPTER I

시대의 흐름
나는 준비되어 있는가? —————————————— 15

Introduction

시대의 흐름을 읽어야 한다 ————————————————— 19
인공지능, AI(Artificial Intelligence)는 선물일까? 걱정일까? —— 26
고령화 문제는 나를 향하고 있다 ———————————————— 28
은퇴 후 50년 – 반드시 답을 찾아야 한다 ——————————— 31
나는 어떻게 대비할 것인가? —————————————————— 34
꿈! 미리 쓰는 자서전이다 ———————————————————— 39

contents

CHAPTER II

네트워크 마케팅 비즈니스
해야 하는 이유 — 41

Introduction

- 제품의 유통 — 44
- 네트워크 마케팅은 진실된 광고를 바탕으로 한다 — 47
- 최대 특징은 연속적인 소득이다 — 49
- 소득의 연속성은 왜 중요한가? — 51
- 노동소득과 자산소득 — 53
- 네트워크는 무형의 자산이다 — 55
- 네트워크 마케팅 비즈니스는… — 56
- 네트워크 마케팅 비즈니스의 실현 조건 — 58

contents

CHAPTER III

암웨이(AMWAY)
최고의 파트너 — 61

Introduction

암웨이의 시작과 역사 — 64
암웨이의 현재 — 66
신뢰할 수 있는 기업 암웨이 — 71
제품 라인 (product line) — 75
한국암웨이 — 88
암웨이는 최적의 파트너인가? — 90

CHAPTER IV

보상 플랜
내가 정하는 수입 — 93

Introduction

보상 플랜의 종류	96
PV, BV, 가격	97
공정한 보너스	98
보너스의 증가 (3)	100
보너스의 증가 (3-3)	102
보너스의 증가 (3-3-3)	104
보너스의 증가 (6-4-2)	106
핀을 달성하며 네트워크는 안정적으로 성장	109
볼륨 성장에 대한 적절한 보상	110
리더십 보너스(leadership bonus)	112
국제 후원과 대리 후원	113
MD 보너스(MD bonus)	114
핀 성장 - 제2단계; 사파이어~다이아몬드	116
다이아몬드 - 암웨이 사업의 꽃	117
핀 성장 - 제3단계; 수석 다이아몬드 이상	119
여행 프로그램(NCA; Non Cash Award)	122

CHAPTER V

비전과 가치
꿈의 라이프 스타일을 나의 현실로 ——— 124

Introduction

암웨이 사업은 성장 산업 ——————————— 129
누구에게나 열려 있는 확정적 성공의 기회 ——————— 135
가계의 재정적 위험을 제거한다 ————————— 138
미래를 대비하는 최상의 연금이다 ————————— 140
큰 수입의 기회는 언제나 열려 있다 ———————— 142
암웨이 사업의 가치 - 자유 ——————————— 144
암웨이 사업의 가치 - 더불어 사는 자본주의 ————— 146
이 팀장 암웨이 사업을 만나다 ————————— 148
이 팀장의 꿈 ——————————————— 151

액션 비즈니스 3

CHAPTER I

시대의 흐름
나는 준비되어 있는가?

Introduction

　부드러운 햇살을 받으며 은은한 커피향을 한 모금 느낀다. 오랜만에 사무실에서 즐기는 여유로운 오전이다. 이 팀장은 6개월 가까이 공들여왔던 사운이 걸린 팀 프로젝트를 드디어 마무리했다. 이로써 본인은 연말에 승진할 가능성이 커졌고 그 동안 고생했던 직원들 모두 두둑한 인센티브를 받게 됐다. 어제 팀원 전체가 들뜬 마음으로 환호하며 회식을 했다.

　그런데 왠지 마음 한 켠이 무겁다. '이 무거운 마음은 뭘까? 회식 자리에서 나누었던 이야기들 때문인가?' 사실 겉으로 드러내지는 않았지만 어제 MZ세대들의 대화를 들으며 적지 않게 놀랐었다. 때때로 그들의 생각은 이해가 잘 안될 때가 많지만 X세대인 나도 입사 초기에는 선배들로부터 똑같은 말을 들었었기 때문에 그런 건 문제가 되지 않는다. 그 보다는 미래를 향한 이 친구들의 안목에 충격을 받았다. 대략 이런 얘기들이었다.

　AI는 엄청난 속도로 발전해서 머지않아 인간의 정신 노동을 대부분 대체할 것이다. 이미 회사 업무에도 다양하게 활용하고 있지 않은가? AI가 이미 사람과 비슷한 행동을 할 수 있을 만큼 발전한 로봇과 결합하면 육체 노동도 상당 부분 대체할 것이다. AI는 노동에서 해방된 미래를 인류에게 선물할 것이라고 하지만 그보다 먼저 우리 일자리가 사라질지도 모른다.

우리나라는 빠른 속도로 고령화되고 있어 잠재 성장률이 떨어지는 등 경제 활력이 떨어질 것이다. 당장 국민연금이나 건강보험에 무리가 있을 것이다. 우리 세대는 큰 부담을 지고 있는 셈인데 어쩔 수 없다. 이미 100세 시대다. 은퇴 후를 대비해야 한다. 20여년간 받은 월급으로는 어림도 없다. 뭔가 대책을 세워야 한다.

주식 투자는 대부분이 하는 것 같았다. 향후 주식시장과 경제 흐름에 대한 얘기가 오갔다. 가상화폐 투자에 대해서도 열띤 논쟁이 지나갔다. 그리고 주택에 대해서는 가장 긴 논쟁이 이어졌다. 집은 대출을 받아서라도 무조건 사야 한다는 쪽과 지금은 때가 아니다 어쩌면 앞으로도 이전과 같은 부동산 호황은 없을 것이다는 쪽의 의견이 팽팽했다.

나보다 젊은 후배 직원들이 미래에 대해 더 치열하게 고민하면서 모두들 시대의 흐름을 내다보려 열심히 공부하고 있었다. 입사 1, 2년차 신입사원들이 벌써 노후 대책을 얘기하고 있었다. 문득 성실하게 성공적으로 잘 살고 있다는 생각이 혹시 오랜 직장 생활에 묻혀 매너리즘에 빠져 있었던 것은 아닌가 하는 생각이 스쳐갔다.

지난 밤 아내가 회식을 마치고 들어간 내게 물었다. "당신은 꿈이 뭐야?"
"두 아이 학교 공부 잘 마치고 독립하면 당신하고 행복하게 사는 거지. 여행도 다니고 가끔 골프도 하고, 양가 부모님 자주 찾아 뵈면서. 그런데 갑자기 웬 꿈 얘기야?" 내가 물었다.
아내는 오늘 피아노 연주를 보러 갔었는데 공연 내내 한때 자신의 꿈이었던 피아니스트가 부러웠는지 계속 꿈이라는 낱말이 머릿속에 맴돌더라는 얘기다. 그러면서 한마디 툭 던진다. "당신 꿈이 시시해졌네. 그 게 꿈인가? 문제 해결이지."

순간 귓가에 징소리가 울리는 것 같았다. 나에게도 꿈이 있었다. 언제, 어디에서, 누가 물어도 바로 흥분해서 얘기할 수 있는 선명한 꿈이 있었다. 그런데 지금 내 가슴 속 '꿈' 자리는 비어 있고 머리는 '문제 해결'로 가득 차 있다. 꿈이 없는 삶, 시 한 줄 그어내지 못하는 삶이 늙고 병든 삶이라고, 한평생 젊게 살자고 결혼식 날 신부의 손을 꼭 잡고 얘기한 건 바로 새신랑 나였는데.

꿈을 다시 찾아야 한다. 이렇게 살 수는 없지 않은가?
우선 삶의 문제를 해결하는 작은 꿈부터 이루고, 더 큰 꿈으로!

꿈은 이루어진다!(Dreams come true!)

시대의 흐름을 읽어야 한다
Action

　더운 지역과 추운 지역을 비교해 보면 집의 형태가 다르고, 옷의 두께와 재료가 다르고 먹는 음식도 다릅니다. 이렇게 생활방식이 완전히 다른 것은 자연 환경이 우리에게 절대적인 영향을 미친 결과입니다.

　자연환경 만이 아니라 경제적 환경, 사회적 환경도 우리의 삶에 결정적인 영향을 미칩니다. 한국과 아프리카의 가나를 예로 들어봅시다. 세계의 많은 경제학자, 사회학자들이 깊은 관심을 가지고 연구해 온 두 나라입니다.

　1960년에 한국과 가나는 세계에서 가장 가난한 나라 그룹에 속해 있었습니다. 가나의 1인당 GDP가 177달러로 한국의 158달러보다 오히려 높았습니다. 그런데 지금 두 나라는 전혀 다른 위치에 있습니다. 2022년에 한국은 32,000 달러를 넘어 선진국 수준인 반면 가나는 2,200 달러 수준으로 여전히 최빈국 그룹을 벗어나지 못하고 있습니다.

　생각해 봅시다! 만일 우리가 가나에서 태어났다면 지금과 같은 생활수준을 누릴 수 있었겠습니까? 한국에서 지금까지 살아온 것과 똑같이 열심히 노력을 했더라도 불가능한 일입니다. 삽으로 땅을 파는 사람이 기계를 활용하는 사람을 이길 수 없습니다. 이것이 선진국의 노동생산성이 후진국보다 높은 이유입니다. 내가 이룬 성과는 나의 노력으로만 이루어진 것이 아닙니다. 내 노력보다 내가 속한 환경이 더 큰 기여를 한 것이라는 사실을 우리는 겸손하게 받아들여야 합니다.

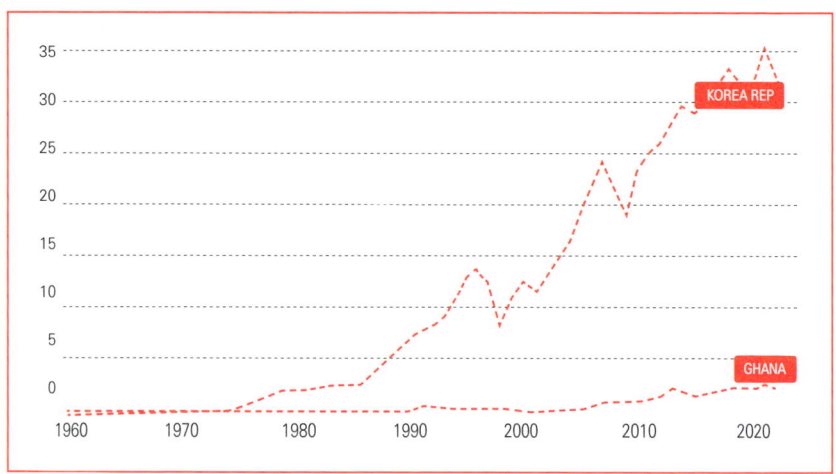

자료: world bank data

 "시대의 흐름"을 주제로 한 강연장을 찾은 이 팀장은 강연 내용을 수긍하면서 점점 더 깊게 빠져들고 있었다. 아니 그 이전에 이미 넓은 강연장을 꽉 채운 사람들이 미래를 대비하고 있었다는 사실에 놀라고 있었다.

 같은 나라에서도 언제 태어났는지에 따라서 또 다릅니다. 60여년 만에 최빈국에서 선진국 반열에 오른 세계에서 유일한 우리나라가 가장 좋은 예입니다. 지금은 우리 국민이 해외여행을 많이 다녀 1년에 20조원이 넘는 돈을 씁니다. 그런데 보통 사람들에게 해외여행 문이 열린 것은 1989년 입니다. 1980년대까지만 해도 규제 때문에 돈이 있어도 불가능했습니다.

 1960년생 서른 살에게 외국 구경은 영화에서나 가능한 꿈이었지만 1990년생 서른 살에게는 이미 많이 경험하는 현실이죠? 그래서 자녀의 첫 해외여행이 부모에게도 첫 해외여행인 가족이 많을 겁니다.

'아! 내가 바로 그렇군. 나의 첫 해외여행이 가족과 함께 한 유럽 여행이었으니까...아들은 나보다 30년 먼저 해외여행을 경험한 셈이네. 그렇게는 생각하지 못했었는데. 나와 아이는 생각하는 공간의 범위가 다르겠구나.' 강사의 열정이 점점 더 높아졌다.

시대의 흐름을 읽어야 합니다. 제3의 물결이란 저서로 유명한 미래학자 앨빈 토플러(Alvin Toffler)는 이미 1980년에 정보화 시대의 도래를 예측했습니다. 제1의 물결은 수렵생활을 하던 인류가 농사를 짓기 시작한 약 1만전의 농업혁명입니다. 식량 재배 기술을 익힌 인류가 한 곳에 정착하게 되면서 현재의 인류와 같은 생활 양식을 처음으로 갖게 된 것입니다.

제2의 물결은 18세기에 영국에서 시작된 산업혁명입니다. 공업화가 급격히 진행되면서 경제가 엄청나게 성장했습니다. 한편 농업인구가 도시로 집중되어 위생, 소년 노동, 범죄 등 많은 문제가 발생하기도 했습니다. 그런데 여기에서 정말 우리가 놓치지 말아야 할 점은 기술과 자본을 가지고 있는 소수의 사람들은 부자가 되고 그렇지 못한 다수의 사람들은 더 가난해졌으며, 생산력을 보유하지 못한 나라들은 산업화에 성공한 나라들의 식민지로 떨어졌었다는 사실입니다. 국내적으로도 국제적으로도 심각한 수준의 양극화가 시작되었는데 이전까지의 정치적 계급이 경제적 계급으로 재편되기 시작했고 그 영향은 지금까지 계속되고 있습니다.

우리는 지금 제3의 물결, 정보화 시대에 살고 있습니다. 정보화 사회는 감성과 문화의 힘, 개인의 창의성이 더욱 중요해진 사회입니다. 이제 산업화 사회에서 필요했던 기술과 생산양식, 교육 방식 등은 변화해야만 합니다. 상당 부분은 이미 쓸모 없게 되었습니다.

학생 때 배웠고 책과 유튜브 강의로도 접해서 알고 있는 내용이라 생각했는데 목표를 가지고 들으니 새로운 관점을 세우게 된다. 강사의 한 마디 한 마디가 피부에 닿게 깊게 새겨졌다.

화면의 그래프를 봅시다. 시대의 흐름을 내다보고 적극적으로 대응하는 것이 얼마나 중요한 지를 보여주는 현실적인 사례입니다. 위에 있는 그래프는 미국 테슬라(TESLA) 사의 주가 입니다. 테슬라는 2008년 처음 전기 자동차를 선보인 이후 성장을 계속하고 있습니다. 2022년 자동차 매출은 약 130만대로 전 세계 전기자동차 판매량의 20%를 넘습니다. 당연히 주가도 급등하여 2021년에는 400달러 수준까지 갔다가 최근 많이 떨어진 것이 200달러 수준입니다. 시장 가치는 8000억 달러, CEO 일론 머스크의 자산은 300조원에 달한다고 하죠?

반면 전통적인 자동차 메이저 GM의 주가는 지난 15년간 큰 변동 없이 여전히 35달러 수준에 있습니다. GM은 1908년에 설립된 전통적인 글로벌 자동차 거대 기업입니다. 우리나라에서도 잘 알려진 회사죠? 그런데 이 회사의 시장 가치는 600억 달러 수준으로 테슬라의 10분의 1도 안됩니다. 판매 대수는 테슬라보다 훨씬 많은데도 그렇습니다.

왜 그럴까요? 당시 대부분의 자동차 업계는 머지않아 전기자동차 시대가 올 것이라고 예측할 수 있었지만, 제일 먼저 적극적으로 뛰어들어 시대의 흐름을 주도한 회사가 테슬라였기 때문입니다. 위험을 무릅쓰고 처음 시도한 사업, 기존과 전혀 다른 새로운

패러다임, 끊임없이 꿈을 제시하는 기업에 사람들이 열광한 결과입니다.

출처: investing.com

다른 예를 하나 소개하겠습니다. 여러분! 블록버스터라는 말을 아시죠? 네! 대작 영화를 이르는 말입니다. 그런데 미국에 블록버스터라는 이름을 가진 회사가 있었습니다. 이 회사는 비디오 테이프 대여점 체인으로 엄청난 인기를 누리면서 승승장구해서

한 때 북미 비디오 대여점 사업을 독점하다시피 한 회사입니다. 2000년대 초에는 미국 전역에 3000여개와 캐나다 일본 등 해외까지 포함하면 9100여개의 대여점을 거느리고, 30억 달러의 매출을 올리는 거대 기업이었습니다.

그런데 당시 비디오 테이프를 빌려 영화를 보고 기일 내에 반환하지 못해 연체료를 무는 사람들이 많은 점에 착안해서 우편으로 매월 몇 개의 비디오 테이프를 보내주고 우편으로 돌려받는 구독 서비스를 비즈니스 모델로 N사가 창업했습니다. 이 회사는 2000년에 자사 지분 49%를 5천만 달러에 인수해 달라고 블록버스터에 제안했으나 단칼에 거절당했습니다. 블록버스터는 아직 그 시장은 작을 뿐 아니라 시장이 커지면 자기들이 직접 하면 된다고 생각했을 것입니다.

결과는? 블록버스터는 DVD가 발달하면서 비디오 대여점 수요가 감소한 탓에 2000년대 중반부터 매출이 떨어지기 시작했습니다. 2004년에 뒤늦게 구독 서비스를 시작했지만 실패하고 이후 몇몇 시도도 모두 성공하지 못한 끝에 2010년 파산신청을 하게 됩니다. 반대로 N사는 2002년에 상장에 성공했고 계속 성장한 끝에 2024년 현재 기업가치가 2600억 달러에 달하는 거대 기업이 됐습니다. 이 회사가 바로 유명한 넷플릭스입니다. 블록버스터는 5000만 달러를 투자해서 1300억 달러를 벌 기회를 차 버린 셈입니다.

차이는 무엇일까요? 넷플릭스는 시대의 흐름에 맞춰 변화를 받아들이는 데 성공한 반면 블록버스터는 자기 과신의 함정(overconfidence trap)에 빠져 변화를 받아들이지 못한 것이 가장 큰 원인일 것입니다. 비즈니스 세계에서 이런 예는 얼마든지 많습니다. 전 세계가 MP3로 가는 상황에서 크기가 작은 CD 플레이어에 집착했던 일본 전자 기업들, 디지털 카메라를 최초로 만든 기업은 최대 필름 생산 기업이었던 코닥이었다는 사실은 잘 알려진 예들입니다. 시대의 흐름을 거부한 죄로 시장에서 아예 사라지는 운명을 맞은 기업들은 셀 수 없이 많습니다.

  변화 없이 머물러 있는 것은 없다. 변화의 흐름 안에 있으면서 자신의 모습을 고집하는 것은 지진해일 앞에서 가만히 서 있는 것처럼 무모한 일이다. 시대의 흐름을 읽고 이에 따라 순응하고 극복하면서 적응해야 한다. 아니 시대의 흐름에 올라타야 한다. 시대의 흐름을 도외시하면 택시를 부르기도, 읽고 싶은 책을 주문하기도, 송금하기도 어려우며 커피숍 무인 주문대 앞에서 쩔쩔매는 모습이 어느 날 나의 모습이 될 수도 있다.

  계속해서 몇 주간 강의를 잘 듣고 정리하면서 앞으로 50년을 꿈꾸기로 한다.

인공지능, AI(Artificial Intelligence)는 선물일까? 걱정일까?

Action

우리에게 인공지능은 2016년 이세돌 9단과 시리즈 대국을 벌였던 알파고를 통해 성큼 다가왔다. 바둑은 경우의 수가 무한대에 가까운 복잡한 게임이기 때문에 컴퓨터가 이길 거라고 생각했던 사람은 별로 없었다. 그러나 알파고가 세계 최고 프로 기사에게 3:1로 승리하자 전 세계 바둑 팬들은 모두 깜짝 놀랐다.

AI는 무서운 속도로 발전하고 있다. 복잡한 자료를 스스로 찾아 분석, 정리하여 리포트를 만드는 것은 기본이고, 파워포인트 강의안도 쉽게 만든다. 창의성이 필요한 부분은 어려울 것이라 여겼었으나 그림도 쉽게 그리고 작곡도 한다. 발전 속도가 너무 빨라서 AI를 만드는 기업이나 연구원들이 잠깐 연구를 멈추고 AI와 관련한 윤리를 먼저 확립한 후에 다시 진행하자고 할 정도다.

"사피엔스"의 저자로 유명한 유발 하라리는 지능이 필요하며 많은 돈이 오가는 사업은 대부분 AI가 대체할 수 있을 거라고 예견합니다. 펀드 매니저, 변호사, 의사, 건축사와 같은 전문직종도 예외가 아닙니다. 몸을 쓰는 직업도 오래남기 어려울 것입니다. 이미 로봇과 결합된 AI로봇이 사람의 일상적인 일까지 섬세하게 대체하고 있습니다.

창의력이라는 것도 패턴을 파악하여 섬세하게 분해한 후 새롭게 조합하는 일이므로 AI가 충분히 대체하거나 적어도 경쟁자로 나설 수 있습니다. 결과적으로 감성을 나누거나 사회적 관계와 연관된 직업들을 제외하고는 시간이 갈수록 AI가 모든 부문을 대체하려 할 것입니다.

우리가 확실히 예견할 수 있는 것은 AI로 인해 엄청나게 많은 사람의 일자리가 사라질 것이라는 점이다. 물론 새로운 일자리가 또 생기겠지만 대부분 고난도 기술이 필요한 일일 것이다. 그 기술도 수명이 길지 않아 일정 기간마다 다시 새로운 기술을 배워야 할 것이다. 그렇지 않으면 무용 계급(useless class)이 될 것이라고 유발 하라리는 무서운 예측을 내놓고 있다.

AI는 인류에게 '노동 없는 미래'를 선사할 수 있다. 그러나 노동 없는 미래는 동시에 '고용 없는 미래'라는 재앙이 될 수도 있다.

AI를 활용할 것인가?
AI에게 밀려날 것인가?
우리 앞에 놓인, 답이 명확한 문제다.
시대의 흐름을 읽고 대비할 것인가?
무서운 영화에서 눈을 돌릴 것인가?

고령화 문제는 나를 향하고 있다

Action

    65세 이상 고령 인구 비율이 7%를 넘는 사회를 고령화 사회(aging society)라고 하고, 14%를 넘으면 고령 사회(aged society), 20%를 넘으면 초고령 사회(super aged society)라고 합니다. 1960년 우리나라 고령 인구는 2.9%에 불과했는데 2000년에 7%를 넘었고, 그 후 불과 18년만에 14%를 넘었습니다. 통계청은 2025년이면 초고령 사회가 도래할 것이라고 합니다.

    고령화는 전 세계적인 현상이기는 합니다. 전 세계 고령인구 비율은 1960년 5%에서 2020년에는 10%로 2배 높아졌습니다. 그런데 우리나라는 그 속도가 유달리 빠른 반면 이에 대한 대비는 턱없이 부족한 게 문제입니다.
    고령화 속도가 이렇게 빠른 이유는 수명은 길어지는 반면 출산율이 급격히 낮아졌기 때문입니다. 1970년대 초까지는 여성들이 평생동안 평균 4명 이상을 낳았으나 정부가 주도한 산아 제한의 영향으로 급격히 낮아지기 시작한 후 이제 0.7명 수준까지 떨어졌습니다.

    합계출산율이 이렇게 낮으면 인구도 급격히 감소하기 마련이다. 출산율이 2명이면 100쌍의 부부 200명이 200명을 출산하여 인구가 유지되지만 그 아래로 떨어지면 인구는 감소한다. 출산율이 0.8명이면 200명의 다음 세대는 80명, 그 다음 세대는 32명(40쌍의 부부가 32명을 출산하므로)으로 두 세대만에 16%로 줄어든다는 얘기다.

  1960년 2,500만명이었던 우리나라 인구는 불과 52년만인 2012년에 2배가 되었다. 그러나 1960년대에는 매년 100만명에 달했던 신생아가 이제 25만명 아래로 급격하게 줄고 있어서 이 추세대로라면 전체 인구가 2040년경 5천만명, 2065년경에는 다시 4천만명 아래로 줄어들 것이라고 한다.

  출생아 수가 급격히 감소하는 가운데 평균 수명은 늘어나고 있으니 고령인구 비율이 이렇게 빠르게 늘어난 것은 당연한 이치다. 이 대로라면 2035년에는 고령인구 비율이 30%를 넘을 것이라고 통계청은 예상한다.

  고령화비율이 높아지면 상대적으로 경제활동인구가 줄어들어 국가의 생

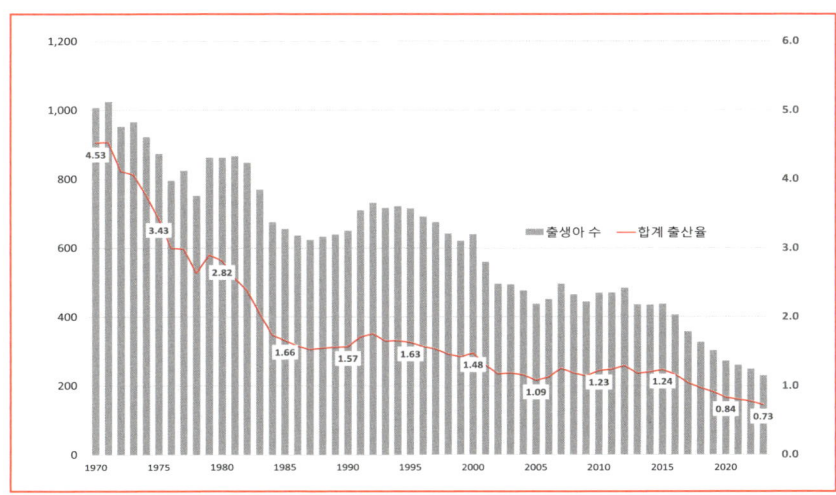

연도별 출생아 수와 합계 출산율

출처: e나라지표

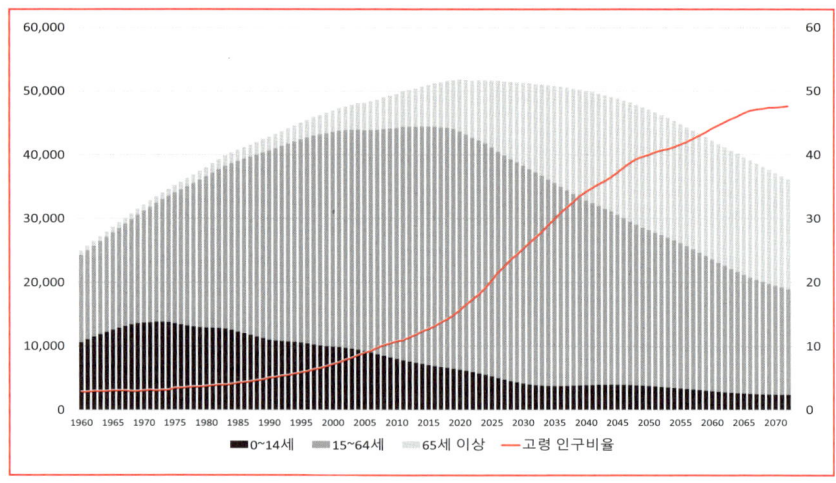

출처: 통계청(2023), "장래 인구 추계: 2022~2072년"

산력이 떨어진다. 경제성장률은 낮아지고 평균 소득도 떨어져 경제 활력이 줄어든다. 국민연금이나 건강보험도 내는 사람은 적은 반면 받는 사람은 많으니 특별한 대책이 없으면 연금이 고갈될 수 밖에 없을 것이다.

고령화는 소비에도 영향을 미친다. 활동적인 젊은 세대가 소비도 많으니 전체적으로는 소비가 위축될 가능성이 크다. 다만 고령인구들의 건강, 미용, 의료 서비스에 대한 수요가 크게 늘어날 것이며, 음악이나 영화 등 문화 수요와 같은 고급 서비스나 제품에 대한 수요가 확대되고 다양해질 가능성도 있다.

고령화 문제에 대해서는 경제학자, 사회학자 등이 폭넓게 연구하고 있으나 노년층이 이렇게 많은 사회는 인류가 한 번도 경험한 바가 없으므로 누구도 쉽게 미래를 예측하기는 어렵다.

은퇴 후 50년 – 반드시 답을 찾아야 한다
Action

누구나 세상에 태어나서부터 소비를 시작하며 사는 동안 소비지출은 계속된다. 반면 수입은 경제생활을 하는 나이에만 올릴 수 있다. 직업을 갖기 전 어린 나이와 은퇴 후에는 수입이 없다. 어린 시절은 부모에게 의지하지만 은퇴 후에는 돈을 버는 시기에 저축한 것으로 써야 한다.

우리는 평생 매년 2000만원 정도를 소비하는 데 씁니다. 그림("1인당 생애주기 적자")을 보시면, 고등학생 때인 17세에 평균 3,575만원으로 가장 많이 지출합니다. 역시 교육비가 무겁죠? 한편 수입은 27세에 처음으로 지출보다 많아져 흑자가 되고, 43세에 정점을 이룬 후에는 줄어들면서 61세에 다시 적자로 돌아섭니다. 은퇴 후의 적자, 그림의 B부분을 흑자 기간 중 수입(A)으로 메꿔야 합니다. A가 B보다 작으면 어떤 일이 벌어질까요? 누구도 생각하고 싶지 않은 상황입니다.

1970년에 평균 수명은 62.3세에 불과했습니다. 남자의 평균 수명은 60세도 안 됐었습니다. 사실 1980년까지도 남자의 평균 수명은 60세 수준이었습니다. (표 "기대수명 추이") 이때까지는 [공부 열심히 해서 일류 대학교 졸업하고 일류 대기업 입사하는 것]이 설득력 있는 삶의 전략이었다고 할 수 있습니다. 55세 정년을 맞아 은퇴하면 일시에 받는 퇴직금으로 길지 않은 여생을 충분히 편안하게 살 수 있었으니까요.

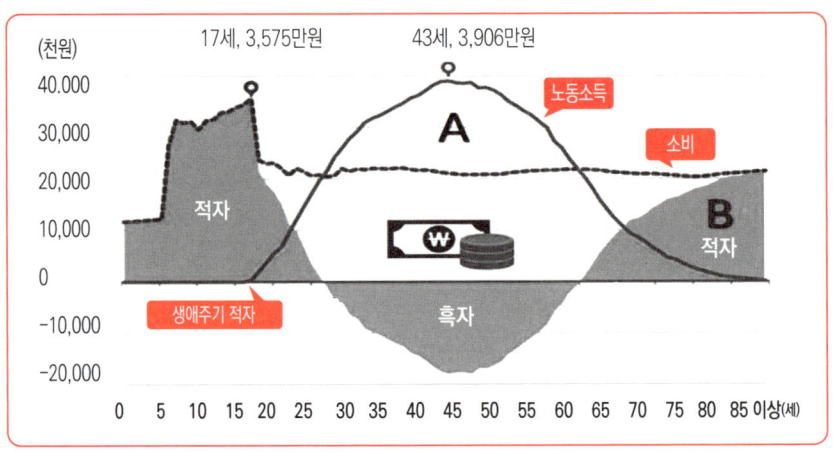

출처: 통계청 "2021년 국민이전계정", 2023.11

그러나 상황이 급변했다. 수명이 크게 늘면서 돈을 써야 하는 기간이 길어져서 적자 구간(B)이 훨씬 커졌다. 평균 수명은 2020년 83.5세(여자 86.5세, 남자 80.5세)로 늘어났다. 특히 보험회사가 기준으로 삼는 수명은 남성 86.3세, 여성 90.7세다. 실제로는 큰 병이 걸리지 않는 한 이미 100세 시대가 활짝 열렸다.

은퇴 이후에 문제없이 살려면 흑자(A)를 적자(B)보다 크게 만들어야 하는데 직장인들이 느끼는 실제 체감 정년은 오히려 50세 수준으로 줄어들었다. 은퇴 후 40~50년을 살 수 있는 자금을 준비하지 못하면 큰 낭패를 피할 수 없다.

기대 수명 추이

	1970	1975	1980	1985	1990	1995	2000	2005	2010	2015	2020
남자	58.7	60.3	61.9	64.6	67.5	69.7	72.3	74.9	76.8	79.0	80.5
여자	65.8	68.2	70.4	73.2	75.9	77.9	79.7	81.6	83.6	85.2	86.5
계	62.3	64.6	66.2	68.9	71.7	73.8	76.0	78.2	80.2	82.1	83.5

출처: e-나라지표

30~40년간 돈을 벌지만 생활비, 주거 비용, 자녀 부양에 무거운 교육비까지 현재를 살기도 버거워 저축할 여력이 크지 않다. 이때의 수입으로 은퇴 후 40~50년을 버티는 건 불가능에 가까운 일이다. 게다가 누구나 꿈꾸는 품위 있는 노년이 가능하려면 훨씬 더 많은 수입이 필요하다. 평생 삶의 전략을 전면 재검토하여 사는 방식을 완전히 바꿔야만 한다.

A를 최대한 키워야 한다. 그러려면

첫째, 항상 공부하는 자세로 새로운 지식을 습득해야 한다. 날로 변하는 세상에서 학창시절 20여년 공부한 것으로 평생을 살 수는 없다. 60세인 경우 30~40년 전에 얻은 지식으로 시대의 흐름을 따라잡을 수는 없는 일이다.

둘째, 그렇게 하더라도 노동 소득만으로는 100년을 보장하기 어렵다. 어느 정도는 수익을 내는 자산을 보유하여야 한다. 노동을 하지 않는 기간에 자산 소득이 있어야만 품위 있는 노년 생활이 보장된다.

나는 어떻게 대비할 것인가?
Action

그러면 어떻게 대책을 마련할 것인가? 1인당 연간 2천만원씩 필요하니 부부 합산하면 매년 4천만원이 있어야 평균적인 생활이 가능합니다. 예금 금리를 4%로 높게 잡아도 10억원을 예치해야 받을 수 있는 금액입니다.

10억원을 만들려면 20년간 매월 300만원씩 정기적금으로 넣어야 합니다. 고액 연봉자나 가능한 금액이겠죠? 게다가 20년동안 물가가 오르는 것을 생각해야 합니다. 매년 2%씩만 오른다 해도 20년 후에는 지금보다 거의 50%가 높아집니다. 지금 4천만원으로 되는 생활을 20년 후에 하려면 6천만원이 필요하다는 얘기입니다. 저축만으로는 목표를 달성하기가 어려운 것이 현실입니다.

저축만으로는 어렵기 때문에 투자나 창업을 생각하게 됩니다. 그런데 무엇을 선택할지 결정하기 전에 모든 일엔 위험이 따른다는 사실을 간과하지 말아야 합니다. 잘 되었을 때 수입이 큰 것은 잘 안되었을 때는 손실이 그 만큼 클 수 있다는 의미를 내포하고 있는 것입니다. 높은 수익을 원하면 높은 위험을 감수해야 하고 *(고위험-고수익)*, 위험을 줄이고 싶으면 낮은 수익에 만족해야 *(저위험-저수익)* 합니다. 투자든 창업이든 결정할 때에는 반드시 수익과 위험의 관계*(risk return profile)*를 염두에 두고 분석해서 위험의 정도가 내가 감수할 수 있는 수준인지를 먼저 판단해야 합니다.

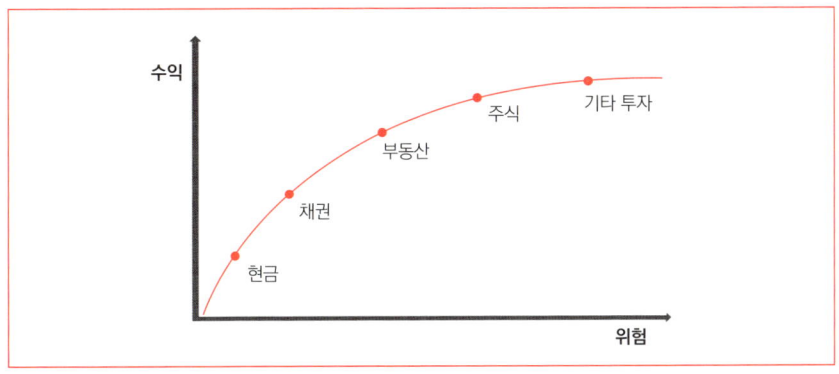

출처: 통계청 "2021년 국민이전계정", 2023.11

　이 팀장은 매주 1회씩 몇 주째 강의에 참석하고 있다. 강의가 진행될수록 주제가 더욱 실질적이어서 집중해 듣고 있다. 투자든 창업이든 사전에 체계적으로 조사해야 할 것이 많다는 것을 새삼 느낀다. 위험과 수익을 동시에 비교하면서 분석해야 한다는 사실이 가장 중요하다. 이 점을 염두에 두고 대안을 하나씩 분석한다.

암호 화폐 투자는 위험할까?

　암호 화폐, 가격 변동폭이 커서 잘만 하면 단기간에 엄청난 수익을 낼 수 있어 매력적이다. 그래서 많은 사람들이 어느 정도라도 투자를 하고 있는 것 같다. 성공사례도 심심치 않게 들린다.

　그런데 그 매력이 동시에 위험이다. 큰 수익을 기대하고 투자했으나 가격이 예상과 반대 방향으로 움직이는 경우에는 큰 손실을 피할 수 없다. 변동

폭이 너무 커서 장기 투자하기 어려운 점, 24시간 시장이 열려 있는 점도 부담이다.

그보다 근본적인 문제는 암호 화폐의 가치에 대해서 아직 컨센서스가 이루어지지 않았다는 것이다. 실제 가치(내재 가치)에 대해서 매우 높게 평가하는 견해부터 가치를 부정하는 견해까지 다양한데, 이는 가치를 평가하기 어렵다는 뜻이다. 미래를 대비하기 위해 자산을 만드는 수단으로 삼기에는 감수해야 하는 위험이 너무 크다.

주식 투자를 늘려 볼까?

주식 투자를 하는 사람은 굉장히 많다. 조금이라도 하는 사람을 포함하면 아마 대부분이 주식 투자를 하고 있는 것 같다. 주주가 중심이 된다는 의미에서 현대 자본주의를 주주 자본주의라고 부르기도 한다고 하니 당연한 현상이다. 주식 투자 성공사례도 꽤 들리기는 하는데 장기적으로 수익을 많이 올린 사람을 실제로 만난 적은 없다. 주식 투자는 사전에 철저히 공부하고 조심스럽게 해야 한다. 특히 주식 투자 초기에 높은 수익률을 경험하면 그것이 기준이 되므로 위험에 대한 인식이 부족해질 수 있다.

주식 투자는 한 기업의 일부를 사는 것이다. 그러므로 기업의 실제 가치를 면밀히 분석해야 한다. 적어도 기업 분석가들이 분석한 보고서를 읽고 이해할 수 있어야 하며 나아가 보고서의 이면을 생각해 볼 수 있으면 더 좋다. 가치를 판단한 후에 현재의 주가와 비교하여 투자 여부를 결정해야 한다. 얼마나 많은 투자자가 이런 과정을 거치고 있을까?

주식 투자는 장기 투자를 하는 것이 정석이라고 한다. 그런데 장기 투자를 하려면 한 기업(종목)만이 아니라 시대의 흐름을 읽어서 성장하는 산업(섹터)을 먼저 판단해내는 것이 중요하다. 이런 과정들을 다 거쳐서 장기로 투자할 종목을 선정하기는 매우 어려우므로 지수를 따르는 펀드에 투자하는 투자자도 많다. 그런데 2015년부터 10년을 기준으로 볼 때에 미국 주가지수는 높은 상승률을 보인 반면 우리나라 주가지수는 미국과는 매우 다른 모습을 보이고 있다.

그렇다면 미국 주가지수에 투자하면 될 것인가? 과거의 데이터가 미래를 반드시 보장할 수 없을 뿐 아니라 환율 변동에 따른 위험도 감안해야 한다. 주식 투자에는 위험이 따르며 왕도는 없다. 복잡하다.

10년 한국 주가지수(KOSPI)   10년 미국 주가지수(S&P500)

출처: investing.com

창업은 괜찮을까?

이런 농담이 있다.
판교는 IT 기업이 많이 모여 있는 곳이다.
판교에서 개발자들이 코딩하다 막히면 누구에게 물어야 할까?

답은 치킨집 사장님이다.

그러면 여의도 증권가에서 투자 전략이 막히면 누구에게 물어야 할까?

이 문제도 답은 치킨집 사장님이다.

직장인들이 결국은 치킨집을 차린다는 자조 섞인 농담인데, 이것이 꼭 틀린 말은 아니다. 우리나라는 자영업 비율이 25%에 달하는 자영업자가 매우 많은 나라다. OECD 평균은 대략 15% 정도이고, 가장 낮은 미국은 6%에 불과하다.

그런데 자영업 성공률은 매우 낮다. 1년만 지나도 세 집 중 한 집은 문을 닫고, 2년이 지나면 반만 남는다. 카페, 치킨, 음식점, 빵집 등을 창업하려면 대체로 1억원~3억 원가량의 비용이 든다고 하는데, 이들 업종은 생존율이 좀 더 낮은 편이다. 주로 퇴직자들이 많이 창업하는 업종임을 생각하면 퇴직 후 창업에 신중을 기해야 하며, 철저한 준비가 필요하다는 점을 새겨야 한다.

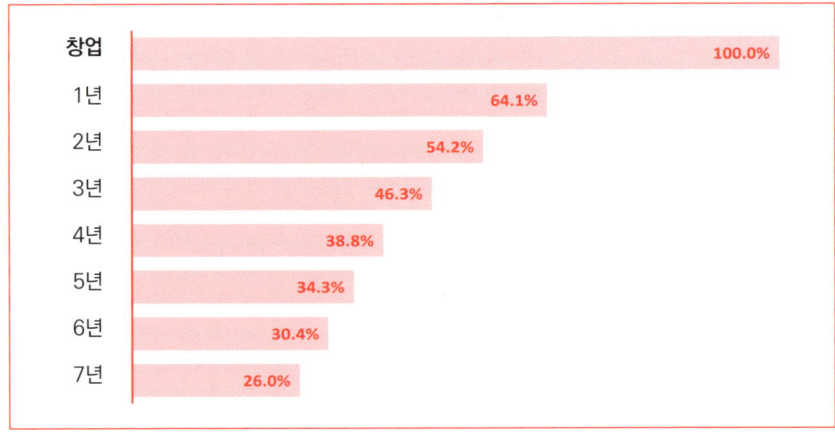

신생기업 생존율

창업	100.0%
1년	64.1%
2년	54.2%
3년	46.3%
4년	38.8%
5년	34.3%
6년	30.4%
7년	26.0%

자료:통계청 "기업생멸행정통계 2022"

꿈! 미리 쓰는 자서전이다
Action

몇 주간 수업의 마지막은 꿈에 대한 열정적인 강의로 마무리되었다.

"여러분은 꿈이 있습니까?"
대부분은 그렇다고 대답하실 것입니다.
꿈이 없다고 말하는 사람은 거의 없습니다.
그런데 어떤 꿈을 가지고 있냐고 물으면 바로 답할 수 있는 사람 또한 많지 않습니다.
꿈이 있어야 합니다.
선명한 꿈이 있어야 합니다.
꿈이 우선입니다.
작은 꿈부터 큰 꿈까지 우뚝 세우십시오.
내가 세운 그 꿈으로 하여금 내 삶을 이끌게 해야 합니다.
진정한 꿈은 목표가 되고, 그것을 향해서 나를 움직이게 합니다.
그래서 꿈은 이루어지는 것입니다.
꿈이 이루어진다는 사실을 믿으십시오.
지금까지 인류가 품어 온 꿈은 모두 이루어졌거나 이루어지고 있는 중입니다.

우선 버킷 리스트를 작성한다. 하고 싶었던 것, 가고 싶었던 곳, 갖고 싶었던 것들을 모아 보면 참고 있는 욕구가 많았음을 스스로 느끼게 된다. 현실을 감안해서 미리 포기하고 있었던 것들을 다시 설레는 마음으로 떠올리는 것이다. 그리고 5년 후, 10년 후, 20년 후에 살고 싶은 모습을 미리 그려본다. 그리고 그렇게 될 것이라고 믿는다.

 나이가 많든 적든 누구나 지금까지 살아온 스토리가 있다. 좋은 일도 있고 그렇지 않은 일도 있고, 자랑스러운 일도 부끄러운 일도 있을 것이다. 그런 일들이 모여 자신의 역사가 된다. 지금까지의 역사에 고쳐 쓰고 싶은 때가 있으면 지금부터의 미래에 반영하면 된다. 꿈은 미리 쓰는 자서전이다.

 지금까지 현실이 나의 꿈을 파괴해 왔다면 지금부터 꿈으로 현실을 파괴한다.

액션 비즈니스 3

CHAPTER II

네트워크 마케팅 비즈니스
해야 하는 이유

Introduction

'부자 아빠 가난한 아빠' 시리즈의 저자로 유명한 로버트 기요사키는 돈을 버는 방식을 4개의 유형으로 나누어 그림과 같이 배치했다. 왼쪽은 스스로 노동하여 돈을 버는 노동 소득을 올리는 그룹이다. 회사를 위해 일하는지 자신을 위해 일하는지에 따라 다시 직장인과 자영업자(*전문직 포함*)로 구분된다.

오른쪽은 자산 소득을 올리는 그룹이다. 자신의 몸을 써서 노동하지 않고도 돈을 버는 것이다. 경제적 자유, 시간의 자유를 가지려면 당연히 자산소득이 주 소득원이어야 한다. 궁극적으로는 투자자가 가장 좋지만 투자자가 되려면 큰 자본과 전문지식이 필요하므로 우선은 사업을 해야 한다.

사업에도 큰 자본과 기술 또는 경영능력이 필요할 텐데 자본과 능력이 모두 부족하다면? 그러면 네트워크 마케팅 사업을 알아보고 참여하라고 권유한다. 네트워크 마케팅 사업은 자본이 필요 없고 시스템과 노하우를 무료로 알려주기 때문에 매력적인 사업 기회이다.

남을 위해 일해서 돈을 버는 사람들 **직장인** **E** mployee	자기가 만든 시스템이 돈을 벌어 주는 사람들 **사업가** **B** usiness person
S elf-employed **자영업자/전문직** 나를 위해 일해서 돈을 버는 사람들	**I** nvestor **투자자** 돈이 나를 위해 일해서 돈을 벌어 주는 사람들

제품의 유통

생산자는 제품을 생산하여 공급하고 소비자는 이 제품을 구매한다. 그런데 생산 회사가 직접 모든 소비자를 찾아 제품을 판매할 수는 없기 때문에 유통 회사가 이 역할을 대신한다. 생산회사로부터 직접 제품을 공급받은 소수의 유통회사도 모든 소비자들에게 직접 제품을 공급하기는 어려우므로 좀 더 좁은 지역을 담당하는 여러 유통 회사로 공급한다. 이런 과정을 반복하여 소비자에게 제품이 전달되므로 지역 총판 - 도매상 - 소매상과 같은 전통적인 유통 단계가 형성되었다.

유통과정은 생산된 제품이 소비자를 찾아가는 과정이다. 그래서 유통과정에는 소비자를 찾기 위한 광고가 필수적으로 수반된다. 생산자도 광고를 하고 각 단계의 유통 회사들도 모두 광고를 한다. 따라서 광고비와 유통비가 제품 가격에 포함되는 것은 당연한데, 보통 광고·유통비가 제품 가격의

60%~80%를 차지하며 제품 생산에 쓰이는 비용은 나머지 20%~40%에 불과하다.

　광고 유통비가 제품 가격에 포함되는 것은 당연하지만 우리 소비자 입장에서는 제품을 구매할 의사가 있는 나를 찾아오는 비용이 제품 생산비보다 더 많이 드는 것이 아쉽고 좀 손해 보는 느낌도 들 수 있다.

　전통적인 유통 과정의 이런 문제점을 해결하며 나선 것이 대형할인점이다. 대형 할인점은 유통 단계를 파격적으로 줄임으로써 소매상보다 20%~30% 정도 낮은 가격으로 소비자에게 제품을 공급한다. 도심을 벗어난 근교에 규모가 큰 창고형 매장을 만들어 유통과정을 단축하고, 제품을 대량으로 구매하도록 하여 관리 비용을 줄였다.

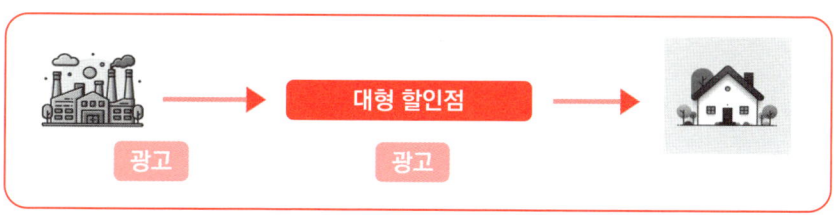

　대형할인점의 효시는 1962년 설립된 미국의 월마트다. 당시 미국은 집집마다 자동차가 보급됐기 때문에 소비자가 도심을 벗어나 번들로 구매한 물품을 집으로 가져와야 하는 대형할인점이 가능했던 것이다. 유통 과정의 변화도 시대의 흐름 특히 기술 발전의 영향을 받는다. 우리나라도 1990년대에 대형할인점이 들어오면서 바로 급증했는데 가정에 자동차가 널리 보급된 시기와 일치한다.

디지털 기술의 발전은 유통 구조에 파괴적 혁신을 초래하고 있다. TV 채널이 다양화되고 인터넷이 발전함에 따라 TV 홈쇼핑과 인터넷 홈쇼핑이 빠른 속도로 성장했는데 스마트 폰의 등장이 이런 흐름에 기름을 부었다. 개인들이 모두 컴퓨터를 들고 다니는 세상 즉, 전 세계 차원의 모바일 컴퓨터 환경이 조성되면서 온라인 홈쇼핑은 유통 구조의 대세가 되었다. 온라인 쇼핑은 두 가지 갈래로 진행되고 있다. 첫째, 대형 플랫폼은 글로벌 차원으로 더욱 대형화되면서 경쟁이 치열해지고 있다. 둘째, 매니아 소비자를 겨냥해 차별화된 특색을 갖춘 소규모 온라인 쇼핑몰이 크게 성장하고 있다. 소셜 미디어의 발전을 바탕으로 소규모 소셜 커머스의 발전이 두드러진다.

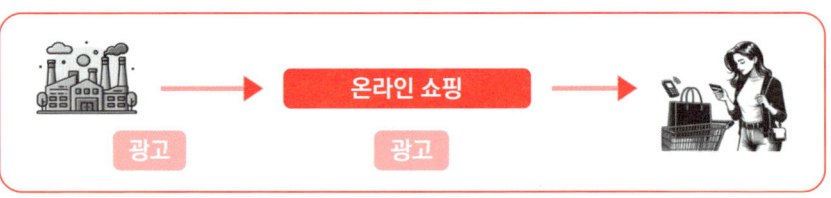

현재 온라인 쇼핑은 유통업 전체의 50%를 차지하고 있으며, 백화점 20%, 대형마트 15%, 편의점과 슈퍼마켓은 각각 10%를 약간 밑도는 수준이다. 유통 구조는 시대상을 반영해 변화하면서 동시에 공존한다. 지금도 재래 시장, 5일장 등이 활발하게 영업하고 있고, 노점, 행상 등도 흔하게 볼 수 있다.

대형할인점은 구매가 다소 불편하더라도 가격을 낮췄고, 온라인 쇼핑은 다시 구매의 편의성을 높였다. 그러나 유통업계가 점점 거대 자본화 하면서 동네 슈퍼마켓과 같이 영세자본으로 할 수 있는 사업 기회는 대폭 줄었다. 소규모 유통업에 종사했던 사람들을 대형 마트나 온라인 플랫폼에서 모두 고용할 수는 없다. 사회 구조적으로 실업을 증가시키는 요인이다.

네트워크 마케팅은 진실된 광고를 바탕으로 한다

네트워크 마케팅은 중간 유통과정에 의존하지 않고 생산자가 직접 소비자에게 제품을 판매하는 유통구조다. 제품 판매에 필수적인 유통 과정과 광고가 없이 어떻게 매출을 올릴 수 있을까? 네트워크를 통해 제품이 유통되고 소비자들이 직접 광고한다. 네트워크도 소비자들이므로 결국 소비자들이 광고와 유통을 모두 맡는 것이다. 따라서 네트워크 마케팅 유통에서는 광고 회사도 유통 회사도 들어설 자리가 없다. 유통 단계가 간소화되고 있는 현대 유통의 추세에 비춰 보면 수십년 전에 생긴 네트워크 마케팅이 가장 혁신적인 유통 구조인 셈이다.

좀더 구체적으로 보자. 그림에서 소비자 A가 생산자로부터 직접 제품을 구매했다. 제품을 써 본 A가 제품이 좋았다면 다른 사람들(1,2,3,4)에게 써 보라고 권유할 것이다. 사람들은 대부분 자신이 경험해 보고 좋은 것은 주위의 다른 사람들에게도 권한다. 좋은 제품도, 재미있는 영화도, 분위기 좋은 카페나 식당도 우리는 늘 다른 사람들에게 알리고 권한다.

A의 권유를 받은 사람들 중에서 2와 같이 소비만 하는 사람도 있지만 대부분은 1,3,4와 같이 또 다른 사람들에게 자신의 좋은 경험을 얘기한다. 이런 과정이 계속 반복되면 그림의 점선과 같이 제품을 즐겨 쓰는 소비자들의

모임이 형성되는데 이것을 네트워크라고 한다. 네트워크는 제품을 좋아해서 스스로 계속 소비하면서 다른 사람들에게 광고도 하는 애용자 그룹이다.

이 네트워크는 사람과 사람 간의 구전광고(口傳廣告)를 매개로 하고 있다. 구전광고는 친분이 있는 사람이 직접 경험한 것을 전해 주는 진실된 광고라는 점에서 유명인을 모델로 하는 일반광고와는 전혀 다르다. 아는 사람이 전해주는 진실된 광고이기 때문에 실제 구매에 미치는 영향력이 매우 크다. 일반광고의 실제 영향력은 구전광고에 비할 바가 못된다.

네트워크 마케팅 유통

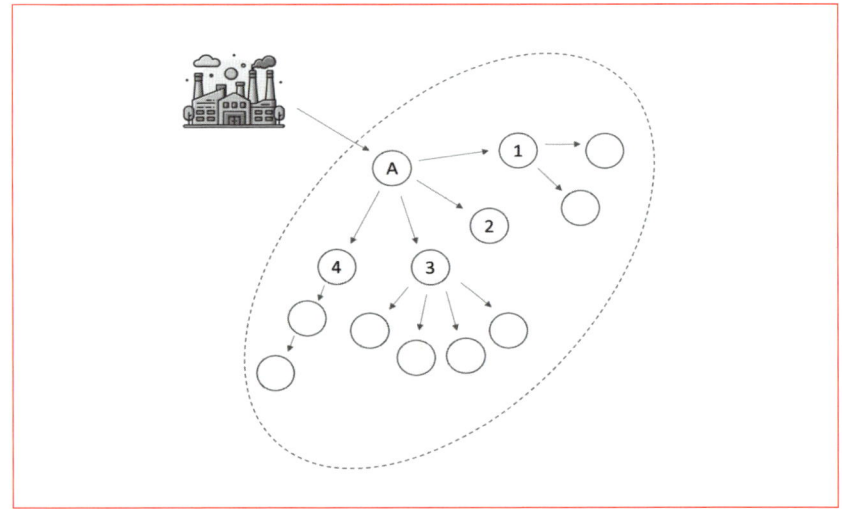

최대 특징은 연속적인 소득이다

Action

네트워크의 회원 소비자들이 제품을 구매하면 생산 회사에는 매출이 발생한다. 그런데 이 회사는 일반적인 광고를 하지 않고 중간 유통 과정도 없으므로 광고비와 유통비가 들지 않는다. 회사는 절약된 자금의 일부는 제품의 품질을 높이는 데 쓰고, 일부는 제품을 광고해주는 소비자들에게 보상해 주기 위한 재원으로 쓴다. 그래야 소비자들이 광고를 계속해 줄 것으로 기대할 수 있기 때문이다. 회사가 소비자들에게 보상해주는 것은 네트워크 마케팅 구조가 아니어도 우리에게 이미 익숙하다. 항공사 마일리지에서부터 음식점, 커피숍 등에 이르기까지 쿠폰이 없는 가게를 찾기 어려울 정도로 소비자 보상은 일반적인 현상이다.

단, 일반 마일리지와 네트워크 마케팅에서의 보상은 성격이 전혀 다르다. 일반 마일리지나 쿠폰 등은 소비자를 자사 제품과 서비스에 계속 머무르게 하기 위한 '소비자 보상'인 반면 네트워크 마케팅에서의 보상은 사업 소득이다. 회원들은 단순히 네트워크에 속해 있는 소비자들이 아니라 자신의 노력으로 네트워크를 만들어 제품이 유통되도록 하고, 이 노력에 대해 보상을 받는 사업자들이다.

앨빈 토플러는 "기술의 발달과 소비자 참여가 증가함에 따라 생산자와 소비자의 경계가 모호해지고 융합될 것"이라고 예측하면서 소비자이면서 동시에 생산자의 역할을 하는 사람들을 프로슈머라고 불렀다. 프로슈머 (prosumer)는 생산자(producer)와 소비자(consumer)를 합성한 말이다. 네트워크 마케팅 사업자들은 대표적인 프로슈머다.

 네트워크 회원들은 제품을 좋아하는 애용자들이다. 제품을 구매해서 쓰고 다 쓰면 다시 구매하기를 반복하는 충성도 높은 고객들이다. 그러므로 이들의 소비는 연속적이다. 그림과 같이 소비가 연속적이면 당연히 매출도 연속적으로 발생한다. 따라서 생산 회사도 연속적으로 보상을 해 줄 수 있다. 결국 회원들이 올리는 수입도 연속적이다. 이러한 수입의 연속성은 네트워크 마케팅 비즈니스 수입의 가장 중요한 특징이다.

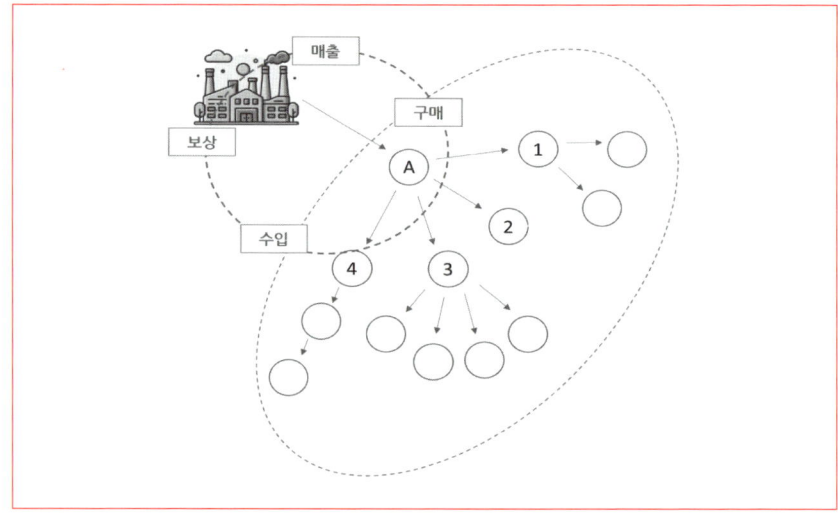

소득의 연속성은 왜 중요한가?

Action

　엄청난 소득을 올리는 배우나 가수 등 연예계 스타들은 왜 빌딩을 좋아할까? 대중의 인기에 좌우되는 직업이라 대중의 시야에서 벗어나는 순간 소득이 단절될 수 있기 때문에 그에 대비하기 위해서일 것이다. 스포츠 스타의 이름을 붙인 빌딩들도 많다. 천문학적인 연봉을 받는 선수들도 신체 운동 능력은 머지 않아 한계에 다다를 것을 알기 때문에 빌딩 임대수입으로 그 때를 대비하기 위해서일 것이다.

　많은 사람들이 건물주를 꿈꾼다. 장래 희망을 묻는 질문에 건물주라고 답하는 초등학생들도 상당히 많다는 웃을 수 없는 이야기가 새삼스럽지 않을 정도다. 세태를 왜곡 없이 반영하는 어린이들의 입에서 역설적으로 우리는 대부분 연속적인 수입을 갈망하고 있음을 확인할 수 있다.

　왜 누구나 연속적인 소득을 갈망할까? 생애 소득에서 노후 적자 구간에 대비하기 위한 가장 좋은 방법은 평생 계속해서 소득을 올리는 것이기 때문이다. 소득이 단절되거나 급격히 감소하는 것은 생사에까지 영향을 미칠 수 있는 인생 최대의 위협이다. 보통 우리의 일상 생활은 늘 자금이 부족하긴 하지만 특별한 일이 있지 않는 한 부족한 금액은 월 수입의 20%~30% 이내인 경우가 대부분이다. 그러므로 연속적인 소득이 있으면 대부분 대비될 수 있다.

소득이 크지 않더라도 사는 동안 그 소득이 계속될 것이라는 확신이 있으면 우리는 그 수준에 맞춰 충분히 행복하게 살 수 있다. 반대로 소득이 크더라도 언제 끊길지 모르면 미래를 위해 저축을 해야 하는데 얼마나 저축을 하고 얼마를 소비해도 되는지 결정하기도 어려워 긴장을 늦출 수 없다. 연속적인 소득은 그래서 중요한 것이다.

노동소득과 자산소득

소득에는 노동소득과 자산소득이 있다. 노동소득(labor income)은 노동을 제공하고 그 대가로 받는 소득이다. 모든 직장인의 월급은 대표적인 노동소득이다. 높은 연봉을 받는 전문직도 수백억원 연봉을 받는 전문경영인도 마찬가지다. 자영업자의 소득도 다르지 않다. 자신의 노동력을 투입해야 얻을 수 있는 모든 소득은 노동소득이다.

자산소득(asset income)은 노동할 필요 없이 자산으로부터 발생하는 소득이다. 나의 재산이 나를 대신해서 돈을 벌어주는 것이다. 예금, 채권 등 금융자산으로부터 발생하는 이자소득, 건물로부터 발생하는 임대 소득 등이 자산소득이다.

노동소득은 연속적일 수 없다. 사람은 누구나 어느 시점이 지나면 노동력이 점차 감소하다가 상실된다. 자신의 노동력이 충분하더라도 몸담고 있는 회사가 파산할 수도 있고 자신의 의지와 다르게 해고되는 경우도 자주 일어난다. 노동소득은 자신의 시간을 돈으로 바꾸는 것이기 때문에 일상에 여유를 갖기 힘들다. 소득도 연속적이지 않아 유한한데 미래를 대비할 시간도 부족하므로 노동소득만으로는 악순환을 벗어나기 어렵다.

반면 돈을 벌어주는 자산을 가지고 있으면 그 만큼 시간의 여유가 따라온다. 돈을 벌기 위해 썼던 시간을 다른 데에 쓸 수 있게 되는 것이다. 연속적인 소득이 가져다 준 시간의 여유는 미래에 더 크게 성장하기 위해 쓸 수도 있고, 경제 외적인 면에서의 자아실현을 위해 쓸 수도 있다.

노동 소득

시간을 돈으로 바꾼다.
유한한 소득

자산 소득

빌딩: 실물자산

↓

임대 소득

예금: 금융자산

↓

이자 소득

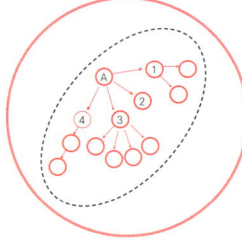

네트워크: 무형의 자산

↓

네트워크 비즈니스 소득

네트워크는 무형의 자산이다

Action

네트워크 마케팅 비즈니스 소득은 연속적인 소득이므로 자산소득이다. 그러면 소득의 바탕이 되는 자산은 무엇일까? 바로 네트워크가 자산이다. 소득을 발생시키는 자산이라고 하면 부동산과 같은 실물자산이나 예금이나 펀드와 같은 금융자산을 먼저 떠올리게 된다. 모두 눈에 보이는 자산들로서 우리에게 익숙한 자산들이다.

이와 달리 네트워크는 물리적 형태가 없는 무형의 자산*(intangible asset)*이다. 무형의 자산이 생소하게 느껴질 수 있지만 지금은 유형의 자산보다 회사의 영업권이나 브랜드 가치와 같은 무형의 자산이 더 중요하게 여겨지고 있다. 네트워크 마케팅 비즈니스에서는 네트워크 즉, 사람과 사람의 관계가 자산이 된다.

생각해 보면 대부분의 금융회사들은 관계가 중요한 자산의 역할을 하고 있다. 은행은 예금자로부터 낮은 이자율로 예금을 받아서 높은 이자율로 대출을 해주고 이자율 차이*(예대마진)*를 이익으로 남긴다. 자기 돈으로 대출해 주는 것이 아니라 예금자의 돈을 모아 대출해 주는 것이므로 은행의 실제 자산은 관계에 불과하다. 카드사도 카드 사용자와 카드 가맹점을 연결해 주면서 수수료를 챙기는 것이므로 관계가 자산이 된다.

네트워크 마케팅 비즈니스는...

네트워크 마케팅은 직접 판매 회사가 매출을 올리기 위한 마케팅 방식이고, 회원들은 네트워크 마케팅 구조를 활용하여 사업을 하는 것이다. 네트워크 마케팅 비즈니스의 특징을 간략히 정리하면 다음과 같다.

| 네트워크 마케팅 비즈니스는 '사업'이다.

네트워크 마케팅 비즈니스를 하는 목적은 네트워크라는 자기 자산을 만드는 것이다. 회사를 위해 일하는 직장생활과 달리 나의 것을 만드는 일이기 때문에 사업이다. 비록 사업 초기에 소득이 작더라도 나의 자산을 만드는 네트워크 마케팅 비즈니스는 그래서 사업이다.

| 네트워크 마케팅 비즈니스는 광고사업이다.

네트워크 마케팅 비즈니스는 연쇄적인 구전광고를 바탕으로 하는 광고 사업이다. 판매 사업과는 거리가 있다. 마케팅의 핵심 분야인 광고 사업이다.

| 네트워크 마케팅 비즈니스는 무 위험 사업이다.

　네트워크마케팅 비즈니스는 직접 경험을 광고하는 일이다. 사업의 자본금, 점포, 고용, 재고 아무 것도 필요 없다. 자금이 전혀 투입되지 않으니 위험이 있을리 없다. 또 직장인도 현재 하고 있는 일을 계속하면서 시간을 내어 부업으로 할 수 있다. 직접 투입 비용이 없을 뿐 아니라 기회비용도 '0'인 무 위험 사업이다.

| 네트워크 마케팅 비즈니스는 확정적 사업이다.

　세상에는 확정적인 일과 확률적인 일이 있다. 확정적인 일의 대표적인 예로는 승패가 거의 실력과 노력에 따라 결정되는 바둑을 들 수 있다. 반면 복권과 같이 운이 성패에 큰 영향을 미치는 일은 확률적이라고 한다. 일반 사업도 상당 부분 성패가 운에 좌우되는 확률적인 면이 많다.

　네트워크 마케팅 비즈니스는 구전광고로 네트워크를 만들고, 구전광고를 계속하여 네트워크를 더욱 성장시키는 일이다. 꾸준히 진행하면 점점 원하는 목표에 가까워지고 누구나 예외 없이 목적지에 도달할 수 있다. 목표 지점을 정해 놓고 길을 걷는 것, 원하는 높이까지 벽돌을 쌓아 올리는 것과 같이 단순한 일을 꾸준히 반복하면 되는 확정적인 사업이다. 따라서 자신의 목표에 얼마나 부합하는지에 따라 작은 성공과 큰 성공이 있을 뿐 실패는 없다.

네트워크 마케팅 비즈니스의 실현 조건
Action

　네트워크 마케팅을 표방하는 회사들은 수없이 생겨나지만 일정 기간이 지나고 보면 대부분 사라진다. 한 때 급성장을 보여주는 회사도 매출이 지속되는 경우는 별로 없고 어느 시점부터 급격히 줄어들다가 사실상 사라지는 경우를 자주 본다. 그렇게 되면 회원들이 애써 만든 네트워크가 한순간에 무용지물이 되어 버리는 것인데 우리는 왜 이런 일을 자주 보게 되는 것일까?

　많은 회사들이 네트워크 마케팅 비즈니스를 운영하는 데 꼭 필요한 능력과 철학을 제대로 갖추지 않은 채 시작하기 때문이다. 네트워크 마케팅 비즈니스는 누구나 쉽게 만들 수 있을 것 같아 보이지만, 겉 모습만 흉내내는 것일 뿐 필수적인 컨텐츠를 제대로 갖출 수 있는 기업은 찾아보기 어렵다.

　네트워크 마케팅 비즈니스의 궁극적인 목적은 '연속적인 소득'이다. 이것이 가능하려면 어떤 조건이 충족되어야 할까? 앞에서 보았듯이 소비자가 자발적으로 **반복 구매**해서 연속적으로 소비할 때에만 '연속적인 소득'이 가능하다. 따라서 반복 구매를 영원히 가능하게 하는 것이 핵심이고, 반복 구매가 가능하려면 다음과 같은 조건들이 필요하다.

제품 관련 조건

- 첫째, 제품이 좋아야 한다.

  제품이 좋아야 소비자가 자발적으로 제품을 구매한다. 제품이 좋다는 것은 품질은 물론 가격과 구매의 편의성까지 포함한다.

- 둘째, 소모성 생활 필수품이어야 한다.

  수요층이 넓은 생활필수품이 바탕이 돼야 한다. 동시에 쓰면 없어지는 소모성 제품이어야 한다. 그래야만 주기적인 반복구매가 일어날 수 있다.

- 셋째, 취급 제품 수가 많을수록 좋다.

  제품 수가 많을수록 회원수가 같아도 구매 금액이 커서 수입이 많아진다.

회사 관련 조건

- 첫째, 생산회사여야 한다.

  네트워크 마케팅 비즈니스에서는 회원들이 광고와 유통을 대부분 담당한다. 제품을 공급하는 회사가 생산회사가 아니라 유통 회사면 회원들과 회사간에 이해관계가 상충되므로 갈등이 발생할 가능성이 크다.

- 둘째, 회사의 재무 상태가 좋아야 한다.

  자본은 클수록, 부채는 작을수록, 자산은 많을수록 좋다. 아무리 네트워크를 크게 만들어 놓아도 회사가 파산하면 제품을 공급할 수 없다. 작은 자본금으로 시작하는 회사는 위험하다.

- 셋째, 회사의 연구개발(R&D) 투자 규모와 능력이 충분히 커야 한다.

  현재 아무리 좋은 제품을 생산하고 있다 하더라도 10년 후에는 쓰지 않을 제품이 많을 것이고, 30년 후에는 대부분의 제품을 쓰지 않을지도 모른다. 그때에 대비하여 지속적으로 연구개발에 투자하는 회사여야 한다.

- 넷째, 회사의 철학이 중요하다.

    회원들과의 파트너쉽, 신뢰를 지키는 회사여야 한다. 회사가 회원 네트워크 외에 대리점과 같은 별도의 판매 채널을 만드는 경우, 회사의 이익을 우선하는 경우, 증권 시장에 상장해서 주주와 회원의 이익이 상충되도록 하는 경우 등은 모두 파트너쉽을 손상시키는 것이다.

| 비즈니스 진행 관련 조건

- 첫째, 일체의 경제적 부담이 없어야 한다.

    회원 가입에 비용이 없어야 함은 물론 실제로 사업을 진행하는 데에 일정 금액의 제품을 구매해야 하는 등의 경제적 부담이 없어야 한다. 또 소비한 제품에 대한 만족보증제를 실질적으로 시행해서 소비자가 제품을 구매하는 데 부담이 없어야 한다. 이 두 가지 점이 만족되어야 다른 사람에게 부담 없이 광고를 할 수 있다.

- 둘째, 회사의 오프라인 (off line) 지원이 충분해야 한다.

    제품의 택배와 같은 유통에 대한 지원, 제품을 직접 체험할 수 있는 오프라인 공간, 교육 시스템 등을 충분히 지원할 수 있어야 한다.

품질, 가격, 편의성
소모성 생활 필수품
다양한 제품

생산회사
건전한 재무상태
철학

만족보증제
가입비 없음
Offline 지원

액션 비즈니스 3

CHAPTER III

암웨이(AMWAY)
최고의 파트너

Introduction

"지난해 말부터 올해까지 우리나라에는 부자를 둘러싼 추문이 유독 많았습니다. '땅콩 회항'부터 경영권 승계 분쟁을 둘러싼 분쟁과 무리수 또 최근에 기업인 해외 원정 도박까지. 좌절하는 젊은이들 사이에서는 슈퍼리치에 대한 관심이 고조되고 있습니다만 우리 부자들은 그렇게 본받을 만한 모습은 아니었던 거죠. 그러다 문득 이런 생각이 들었습니다. '정말 남다른 부자 특별한 슈퍼리치는 없는 걸까?' 하고 말이죠."

EBS에서 방영한 "한국에 없는 부자를 찾아서"라는 자극적인 제목의 프로그램에서 리포터가 도입부에 던진 말이다. 그리고 이 프로그램에서 제일 먼저 '억만장자 도시를 바꾸다'라는 부제로 찾아간 곳이 미국 미시간 주의 중소 도시 그랜드 래피즈(Grand Rapids)다.

그랜드 래피즈는 암웨이 사가 창업된 도시로서 지금도 창업자 가족들이 뿌리 내리고 있는 곳이다. 이 도시에는 암웨이 창업자 두 가족이 기부한 병원, 체육관, 박물관, 컨벤션 센터, 교육기관 등이 수도 없이 많아 앤델(Andel) 또는 디보스(Devos)가 붙어있는 빌딩들을 쉽게 볼 수 있다. 전 미국 20대 기부왕에 들 정도로 사회에 환원을 많이 한 결과 쇠락해 가던 도시를 활발하게 탈바꿈시킨 좋은 예다. 이들은 재정적 지원에 그치지 않고 세계에서 가장 큰 미술경연대회를 매년 가을 이 도시에서 여는 등 문화적으로도 더욱 세심한 기여와 투자를 하고 있다.

출처: EBS 방송 유튜브 화면. "한국에 없는 부자를 찾아서 1부, 억만장자 도시를 바꾸다"

출처: 포브스

　네트워크 마케팅 비즈니스는 회원 사업자와 회사와의 영구적인 신뢰와 파트너쉽이 바탕이 되어야 하므로 회사와 사주의 이념과 철학이 매우 중요하다. 외양은 누구나 흉내낼 수 있지만 내포는 아무나 흉내낼 수 있는 것이 아니다. 네트워크 마케팅 비즈니스의 가장 중요한 실현 조건은 사실 '철학'이기 때문이다.

암웨이의 시작과 역사

1959년 미국 미시간 주 에이다에서 두 청년 사업가 리치 디보스(*Rich Devos*)와 제이 밴 앤델(*Jay Van Andel*)이 암웨이 사를 창업했다. 이 회사가 처음으로 출시한 제품은 이들이 직접 개발한 친환경 다목적 유기 세제 L.O.C.(*liquid organic cleaner*)다.

암웨이 사의 창립은 두 가지 점에서 주목할 만하다. 첫째, 72시간 내에 생분해되는 친환경 세제를 출시함으로써 지구 환경을 진지하게 생각하는 전통의 시발점이 되었다는 것이다. 당시 환경에 대한 인식이나 규제가 미흡했던 상황에서 친환경 제품을 선도적으로 출시한 사실에서 이들의 철학을 엿볼 수 있다. 둘째, 개인간 맞춤 마케팅(*person to person marketing*)이라는 독창적인 아이디어를 비즈니스에 적용했다는 점이다.

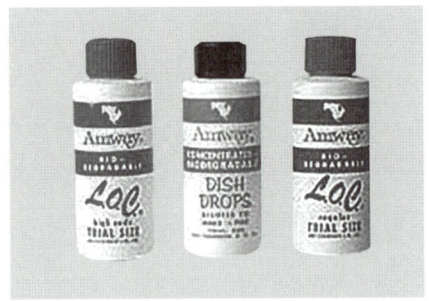

1970년대에 암웨이 사는 연 매출 1억달러를 넘어서면서 뉴트리라이트를 인수하여 본격적인 성장의 발판을 마련했다. 미국 연방거래위원회(Federal Trade Commission)로부터 합법적인 비즈니스로 인정받은 것도 이 시기였다.

　1980년대에는 연 매출 10억 달러를 넘어섰고 2010년대에는 100억 달러를 돌파하는 등 성장을 계속하고 있다. 미국 S&P 500 기업의 평균수명은 20년이 채 안 되고, 한국 증시(KOSPI) 상장기업도 30년 수준이다. 중소기업의 평균수명은 이보다 훨씬 짧다. 이에 비하면 이미 70년 가까이 존속하고 있을 뿐 아니라 지속적으로 성장하고 있는 암웨이는 주목할 만한 기업이다. 회사가 존속해야만 네트워크가 연속적인 소득을 발생시키는 자산이 될 수 있다. 70년을 이어 왔으나 여전히 젊은 기업 암웨이는 앞으로 미래의 70년이 더욱 기대된다.

암웨이의 현재
Action

    암웨이는 전세계 1위 직접 판매기업이며 미국 100대 비상장기업(private company)이다. 본사는 미국 미시간주 에이다에 있는데, 30여만㎡ 면적에 길이 1 마일에 걸쳐 약 80개의 건물과 사무실, 생산 공장 등이 자리하고 있다. 본사 외에도 여러 개의 계열사가 있다. 네 개의 농장과 네 개의 연구 센터 그리고 여섯 개의 생산시설이 대표적이다.

    암웨이는 '씨앗에서 완제품까지'를 실천하기 위해 자체 생태계 농장들에서 원료 작물을 직접 경작한다. 미국 워싱턴 주의 트라웃 레이크 이스트 농장과 웨스트 농장, 멕시코의 엘 페타칼 농장, 브라질의 우바자라 농장들이 계열 농장이다. 이 농장들은 우리나라 텔레비전 방송에서도 세계의 대표적인 유기농 농장으로 소개된 바 있을 만큼 세계적으로 유명한 유기농 농장이다. 네 개 농장의 면적은 6천 에이커, 약 735만 평에 달한다.

    계열 연구 센터는 미국과 해외에 각 두 개씩 있다. 미국에 있는 연구 센터는 미시간 주 에이다 본사 연구센터와 캘리포니아 주 부에나파크의 옵티멀 헬스 센터이고, 해외에는 중국 우시에 보태니컬 연구센터, 우리나라 서울에 이스트 뷰티 혁신 허브가 있다.

이 외에 생산된 제품을 공급하는 물류 허브 계열사가 네덜란드 펜로와 우리나라 부산에 있다. 부산 물류 센터는 2011년 아시아에서 처음으로 설립된 아시아 허브로서 미국 본사에서 생산된 제품을 들여와 조립, 라벨링, 재포장을 거쳐 중국, 일본, 홍콩, 대만 등 아시아 전역에 수출하는 최첨단 물류센터다.

암웨이 본사 전경

1	트라웃레이크 이스트 농장	미국(워싱턴)
2	트라웃레이크 웨스트 농장	미국(워싱턴)
3	엘페타갈 농장	멕시코
4	우바자라 농장	브라질
1	에이다 본사 연구소(R&D)	미국(미시간)
2	부에나파크 연구소(R&D)	미국(캘리포니아)
3	이스트뷰티 혁신 허브(I&S)	한국(서울)
4	보태니컬(R&D) 센터	중국(우시)
1	부에나파크 생산시설	미국(캘리포니아)
2	퀸시 생산시설	미국(워싱턴)
3	에이다 생산시설	미국(미시간)
4	광저우 생산시설	중국(광저우)
5	동나이 생산시설	베트남
6	타밀나두 생산시설	인도

직접 판매 생산 및 유통 부문 외의 계열사로 미국 프로농구 팀 올랜도 매직의 홈경기장이자 콘서트, 국제 회의 등이 열리는 암웨이 센터가 있다.

2023년 12월부터 우리나라의 기아가 명명권 계약을 체결해 기아센터로 불린다. 미국 농구팀 올랜도 매직을 인수할 때 가족 회의에서 리치 회장이 "나의 꿈"이라는 한 마디로 인수를 결정했다고 한다.

암웨이는 호텔 그룹이라고 할 수도 있다. 암웨이 도시, 그랜드 래피즈에는 암웨이 그랜드 플라자 호텔(Amway Grand Plaza Hotel), JW 메리어트 그랜드 래피즈(JW Marriott-Grand Rapids), 코트야드 바이 메리어트(Courtyard by Marriott) 호텔이 있고, 영국령 버진 아일랜드에는 피터 아일랜드 리조트가 있다.

본사와 계열사 외에 암웨이는 수많은 해외 현지 법인을 거느리고 있다. 1962년 캐나다를 시작으로 전 세계에 현지 법인 형태로 진출하고 있다. 1970년대에 8개국, 1980년대에 20개국, 1990년대에 33개국으로 꾸준히 진출국가를 넓힌 결과 현재는 100여개의 국가 및 지역에서 활발하게 운영하고 있다. 우리나라는 1991년 22번째로 암웨이가 진출했다.

암웨이 진출 국가

출처: 한국암웨이 홈페이지

신뢰할 수 있는 기업 암웨이
Action

네트워크 마케팅 사업을 시작하기 전에 회사가 믿을 만한지를 가장 먼저 따져봐야 한다. 이 사업의 궁극적인 목적은 평생 소득을 발생시키는 자산을 만드는 것이므로 회사가 이 목적을 달성하는 데 든든한 바탕이 될 수 있는지를 봐야 한다. 다음 두 가지 관점이 중요하다.

첫째, 회사의 재무 상태가 좋아야 한다. 회사가 부실하면 회원들의 사업에 필요한 것을 충분히 지원하기 어렵고, 경제 환경이 악화되면 도산을 걱정해야 한다. 회사가 도산하면 네트워크의 가치가 사라진다는 것은 말할 필요도 없다.

둘째, 회원 사업자들과 영원히 파트너쉽을 유지할 수 있는 철학이 있어야 한다. 동업이 어려운 이유는 어려워지면 서로 탓하고, 잘 되면 서로 욕심을 내기 때문이다. 회사의 철학을 판단할 방법은 오랜 동안 지나온 길을 보는 것 외에는 별로 없다. 그래서 업력이 짧은 회사를 파트너로 선택하는 것은 위험하다.

암웨이는 미국 100대 비상장기업이다. 앞에 본 바와 같이 보유 자산 규모는 매우 크고 연 매출은 10조원을 상회하는 반면 부채는 없는 기업이다. 자산 규모가 크더라도 부채도 많으면 재무상태가 부실한 기업으로 도산할 위험을 배제할 수 없다. 반대로 부채가 아예 없더라도 자산 또한 작은 영세한 기업 역시 재무 상태가 부실한 것이다. 파트너로 삼아 미래를 맡기기에는 자격 미달이다.

리치 디보스와 제이 밴 엔델은 '스스로의 노력으로 성공을 꿈꾸는 모든 사람들에게 기회를 제공한다'는 기치 아래 암웨이를 창립했다. 이를 이어 받아 지금도 암웨이의 캐치 프레이즈는 '사람들이 더 나은 그리고 더 건강한 삶을 살도록 돕는다. *(Helping People Live Better & Healthier Lives)*'이다.

암웨이 첫 출시 제품이 친환경 세제였다. 환경에 대한 규제도 별로 없는 당시 상황에서 누구라도 판매가 어려울 것으로 예상할 수 있는 고가의 친환경 세제로 비즈니스를 시작했다는 점은 두 창업자의 철학에 대해 시사하는 바가 크다. 지금도 당장의 이익보다는 환경과 사람에게 좋은 제품을 만들어 공급한다는 전통이 계속 이어져 오고 있다. 최근 강조되고 있는 사회적 책임*(social responsibility)* 기업의 효시는 이미 70년 전 암웨이로 봐야 하지 않을까 생각된다.

전 세계 100여개 국가에 진출해 있는 암웨이는 경영 환경이 아무리 나빠지더라도 철수하지 않는다. 철수하면 그 동안 암웨이 사업가가 이루어 놓은 노력이 한순간에 물거품이 되기 때문이다. 러시아 – 우크라이나 전쟁으로 인한 국제정치 환경 때문에 어쩔 수 없이 러시아에서 철수한 것이 유일한 예다.

암웨이는 70년 역사 상 전 세계 모든 나라에서 보너스 지급이 지연된 적이 단 한 차례도 없었다고 한다. 온라인으로 편하게 금융 거래를 할 수 있는 현재의 관점에서 보면 대단한 일이 아닐 수도 있지만, 온라인이 없던 시절에 전 세계 각 지역에 널리 퍼져 있는 회원 사업자들에게 오차 없이 정시에 지급하는 것은 불가능에 가까운 일이었을 것이다. 지구 상에는 천재지변이 끊이지 않고, 정정이 불안해져 격렬한 시위나 폭동이 발생하는 일도 잦은 것을 생각하면 더욱 대단한 일이다.

고용 인원이 적은 조그만 사업이라도 경험해 본 사람은 이것이 얼마나 어려운 일인지 잘 안다. 우리나라에서도 1997년 외환위기로 혼란스러웠던 때에 은행 시스템에 문제가 생길까 염려하여 며칠 전에 미리 보너스를 지급한 바 있다고 한다.

암웨이는 상장하지 않는다. 주식 시장에 상장한 기업은 주주(shareholder)의 이익이 최우선이다. 그렇게 되면 주주가 아닌 이해관계인(stakeholder)의 이익은 뒤로 밀려날 수 밖에 없다. 대표적인 이해관계인인 ABO(Amway Business Owner; 암웨이 사업자)와 직원들에게 불리한 의사결정을 하게 된다는 뜻이다. 그래서 암웨이는 이윤 극대화가 아니라 지속가능한 성장을 목표로 하는 철학에 배치되기 때문에 상장하지 않는 것이다.

꾸준히 성장하는 전 세계 1위 생필품기업은 증권가에서는 아주 매력적이다. 상장하면 주주 즉, 창업자 가족은 한 순간에 엄청난 부를 소유하게 될 것이다. 그런 유혹에 빠지지 않고 ABO의 이익을 우선하는 암웨이의 깊은 철학은 '자신의 욕심의 추구'를 최고의 가치로 삼는 사회에서는 오히려 이해하기 어려울 수도 있다. 이렇게 사는 사람들도 있다는 사실이 반갑고 소중하다.

암웨이의 기업 이념은 자유, 가족, 희망, 보상이다. 각 개인의 자유를 실질적으로 억압하는 것은 대부분 경제 문제다. 자신의 노력에 대한 적절한 경제적 보상으로 문제를 해결하여 희망적이고 자유로운 삶을 지향할 수 있다는 의미로 해석된다. 가족을 중시하는 이념은 가족 해체 시대인 요즘 더욱 주목할 만하다. 부부는 한 회원번호로 공동사업자가 되는 점, 여행 프로그램을 가족 여행으로 하는 점, 회원번호가 자녀 세대에게 상속되는 점들에서 가족 중시 이념이 잘 나타난다. 점차 자녀 세대와 사업을 공동으로 진행하는 프로그램으로 발전될 가능성도 예상된다.

　보통 회사들의 사훈과는 전혀 다른 이 네 낱말에 베어 있는 깊은 철학이 오늘날까지 실천되며 이어 오고 있다. 회사가 가지고 있는 철학은 네트워크 마케팅 비즈니스가 영원히 지속될 수 있는 가장 기본적인 조건이다.

제품 라인 (product line)
Action

암웨이는 건강식품, 화장품, 퍼스널케어, 홈리빙 등 네 개의 제품군에 걸쳐 직접 생산한 700 여종의 제품과 함께 다른 회사가 생산한 제품도 엄선하여 공급한다.

퍼스널 케어는 치약, 샴푸 등 개인 위생 제품들을, 홈 리빙은 집에서 쓰는 제품들을 말한다. 모든 제품들은 사람과 환경에 좋은 명품이며 가격도 매우 좋다. 위탁판매 제품은 본 제품에 준하는 엄격한 기준을 적용하여 제품을 선정한다. 타사 생산 제품들이 네트워크에 들어오면 제품의 다양성이 더욱 높아지므로 회원들에게도 이익이다. 한국암웨이는 원포원(One for One) 프로젝트라는 이름으로 위탁판매를 시행하고 있다. 홈페이지 www.amway.co.kr 또는 암웨이 카탈로그 "더 초이스"에서 제품을 확인할 수 있다.

건강 기능 식품(NUTRITION & SUPPLEMENT)

NUTRILITE™

건강식품 뉴트리라이트(Nutrilite)는 암웨이 매출의 50%를 차지한다. 뉴트리라이트는 세계 최초로 천연 종합비타민을 직접 개발하여 출시한 기업이다. 암웨이보다 25년 앞선 1934년에 설립됐는데, 1972년에 암웨이가 경영권을 인수하면서 암웨이의 일원이 됐다. 창업자 칼 렌보그 *(Carl F. Rehnborg)* 박사는 1920년대 초부터 식물에서 영양소를 추출하는 연구를 계속한 끝에 1934년 6가지 비타민이 들어 있는 비타6를 출시했다. 이 제품은 이후 비타솔*(VITASOL)*로 이름이 바뀌었고, 1948년에 드디어 종합 비타민미네랄 제품 더블엑스로 발전됐다. 당시 가격이 20달러였던 데서 더블엑스라는 이름이 지어졌다고 한다. 현재 더블엑스는 14종의 비타민과 10종의 미네랄, 19종의 식물 영양소가 함유돼 있다.

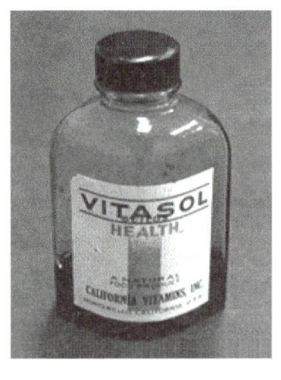

VITASOL
뉴트리라이트 초기 제품(1935년)

더블 엑스 최초 발매 제품(1948년)

 뉴트리라이트는 세계를 선도하는 연구를 통해 끊임 없이 발전하고 있다. 더블엑스가 활성산소를 감소시키고 DNA 손상을 줄이는 것이 확인되었다는 엄청난 연구 결과가 2022년 3월 세계적으로 권위 있는 학술지 뉴트리언트*(Nutrients)*에 표지 논문으로 실렸다.

nutrients (volume14i · issue6)

Meta-Analysis of Randomized Clinical Trials for a Multivitamin Supplementation

따라서 더블엑스가 비타민 미네랄 제품 중 세계에서 판매 점유율이 가장 높은 것은 당연한 일이다. 더블엑스 뿐 아니라 뉴트리라이트 전체가 전 세계 건강기능 식품 및 비타민 브랜드 중 매출 1위다. 식물성 완전 단백질을 제공하는 뉴트리 파이토 프로틴도, 오메가-3 제품도 모두 글로벌 1위 제품이다.

【뉴트리라이트의 발전】

뉴트리라이트가 생산하는 제품만 해도 수백 종이기 때문에 소비자는 어떤 제품을 먹어야 할지 선택하기 어려울 수 있다. 이에 성별, 연령대별로 꼭 필요한 제품들을 패키지로 묶어 제공함으로써 선택하기 쉽게 했다. 건강을 생각하는 사람들은 누구나 먹어야 하는 제품들이다. 청소년을 위한 틴즈 퍼펙트 팩, 여성을 위한 우먼즈 바이탈 팩, 남성 대상 맨즈 에너지 팩 그리고 노년층을 위한 골든 팩 등 네 종류로 판매된다.

2020년대 들어서 드디어 개인 맞춤형 프로그램인 마이크로 바이옴과 마이 웰니스 랩을 출시했다. 이들은 선제적으로 건강을 체크해서 적절한 방법으로 건강을 유지할 수 있도록 하는 프로그램이다. 마이크로 바이옴*(microbiome)*은 우리 몸 속에서 중요한 역할을 하는 미생물 군집인데, 뉴트리라이트는 우리나라 마이크로바이옴 전문 기업인 HEM Pharma사와 손 잡고 프로그램을 개발했다. 분변을 채취하여 약 한 달간 개인 별로 장과 같은 환경을 만들어 장내 미생물의 다양성 및 분포를 확인*(마이크로바이옴 분석)*하고 미생물 대사물질을 분석*(포스트 바이오틱스 분석)*하여 최적의 유산균 조합을 제품으로 제공해 준다.

개인 맞춤 웰니스 프로그램인 마이 웰니스 랩*(my Wellness Lab)*은 건강 데이터를 평생 추적, 분석하여 관리해 주는 프로그램이다. 최적의 건강 식품 조합과 운동 및 식이 조절 등 개인 맞춤형 조합을 제공해서 선제적으로 건강을 유지하고 강화할 수 있도록 한다. 앱으로 평생 건강을 관리하는 시대가 다가오고 있다. 암웨이가 미래형 프로그램의 선두 주자로 자리매김하고 있는 것이다.

【자체 농장에서 원료 작물을 직접 재배】

뉴트리라이트는 자체 소유 유기농 농장에서 재배한 원료를 활용하여 건강식품을 제조하는 세계에서 유일한 기업이다. '믿을 수 있는 원료를 얻으려면 스스로 만들어야 한다.'는 뉴트리라이트 창업 때부터의 철학이었다. 이를 실현하기 위해서는 농장을 직접 소유하여 경작해야 했다. 최초 농장은 1942년 캘리포니아 소재 산페르난도*(San Fernando Valley)* 농장이다. 14,000㎡ 규모의

이 농장에서 최초로 개발한 '농약과 제초제를 쓰지 않는 농법'을 적용하여 경작을 시작했다.

1953년에는 242ha에 달하는 광활한 레이크뷰 농장을 개발했고, 이어 푸에르토리코 나구아보 농장(*1977*), 멕시코 엘 페타칼 농장(*1992*), 미국 트라웃 레이크 농장(1998), 브라질 우바자라 농장(*1998*)으로 확대되었다. 현재는 트라웃 이스트, 트라웃 웨스트, 엘 페타갈, 우바자라등 네 곳 총 면적 6천 에이커(*총 면적 약 735만 평*)의 농장을 운영하고 있다. 농장을 관리하는 방식은 상상을 뛰어 넘을 정도로 완벽하다.

첫째, 미네랄을 많이 함유하고 있는 화산 지형 같은 청정지역이면서 주위에 빙하기 호수였던 지역이 있어 깨끗한 용수를 구할 수 있는 입지를 수년간 노력을 기울여 찾는다.

둘째, 무당벌레와 같은 익충으로 해충을 잡고, 지렁이로 밭을 갈아 지력을 키우고, 양을 활용해서 잡초를 제거한다. 일체의 공해 요소는 원천적으로 배제되며, 농약이나 제초제 등은 상상할 수도 없고 필요도 없다.

셋째, 작물의 오염을 막기 위해 사람이 작물들과 접촉하는 상황을 내부 카메라로 24시간 기록한다. 모든 농기구와 장비들은 매일 밤 살균 처리하여 미생물의 번식과 작물간 오염을 차단한다.

넷째, 작물이 제공하는 영양소를 최대한 효과적으로 얻기 위해서 식물영양소 수준이 가장 높은 작물과 씨앗 품종에 대한 연구를 하고 식물의 영양분이 최상이 되는 시기에 수확한다. 영양소를 최대로 유지하기 위해 수확한 작물은 24시간 내에 가공한다.

다섯째, 모든 농장은 미국 농무부 농산물 우수 관리 제도(GAP; Good Agricultural Practice)를 따른다. 사실은 뉴트리라이트 스스로 이보다 훨씬 높은 기준을 개발하여 준수하고 있다.

▲ 트라웃 레이크 웨스트 농장

▲ 트라웃 레이크 이스트 농장

▲ 브라질 우바자라 농장

▲ 멕시코 엘 페타칼 농장

화장품(BEAUTY)

ARTISTRY

암웨이 화장품의 시초는 1958년 칼 렌보그 박사의 부인인 에디스 렌보그 (Edith Rehnborg) 여사가 창립한 에디스 렌보그 코스메틱스로서 뉴트리라이트 농장에서 재배한 식물영양소가 함유된 원료를 활용한 화장품을 개발, 출시했다.

암웨이와 통합하면서 아티스트리 브랜드로 재편됐으며, 1984년에 에이다에 최첨단 화장품 공장을 건립하면서 혁신적인 성장 발판을 마련했다. 그 결과 1990년대에는 세계 5대 프리미엄 뷰티 브랜드에 선정되어 글로벌 브랜드로서의 입지를 굳건히 하게 됐다.

아티스트리는 원료와 제조이력, 유통 과정을 실시간으로 파악할 수 있는 추적관리시스템으로 품질을 관리한다. 아티스트리 화장품의 가장 큰 특징은 비건 화장품이다. 비건 화장품은 동물성 원료와 동물 유래 성분을 배제하고 동물 실험도 하지 않는 제품을 뜻한다. 이 뿐 아니라 제조 과정에 필요한 에너지도 풍력과 태양광 등 대체 에너지를 이용한다. 그래서 비건 소사이어티 인증을 받았으며 매년 갱신하고 있다.

비건 라인의 클렌저들은 모두 자연으로 돌아가는 생분해 성분으로 만들어져 물로 분해되는 친환경 제품이다. 또 억지로 흡수시키는 흡습제를 쓰지 않고 스스로 흡수할 수 있도록 리포좀 형태로 유효 성분을 피부에 넣어주는 화장품이라 피부 자생력을 높이므로 사용할수록 피부가 좋아지는 자연 화장품이다.

암웨이는 자체 기준을 만들어 모든 원료에 클린 라벨 기준을 적용하는데, 이는 위험한 물질까지는 아니어도 사람들에게 유해할 가능성이 있는 원료들은 쓰지 않도록 하기 위해서다. 클린 라벨은 1990년 영국에서 처음 도입된 개념으로 식품에 합성첨가물 보존제를 쓰지 않고, 소비자가 이해하기 쉬운 식품원료 사용을 표기하기 시작한 것이다. 아티스트리는 이렇게 생산 과정부터 친환경 100%라는 환경적 가치를 고민하고 실천한다.

▲ 비건 소사이어티 인증 로고

▲ 에디스 렌보그 코스메틱스

퍼스널 케어(PERSONAL CARE)

퍼스널 케어는 오랄케어, 바디케어, 헤어케어를 아우르는 개인 위생 제품군이다. 오랄케어(oral care)는 치약 칫솔과 같이 구강 위생과 건강을 위한 제품군이다. 전 세계 61개국에서 판매량 1위를 달리는 암웨이 글리스터 치약은 우리나라에서도 출시 초기부터 고객만족도가 가장 높은 치약으로 유명하다. 글리스터는 암웨이 오랄케어 브랜드다. 최근 글리스터는 구강 내 미생물의 균형을 맞춰 주는 바이옴 특화설계를 적용한 치약을 출시하며 이 부분 연구와 기술을 선도하고 있다.

g&h Baby

바디케어(body care)는 몸을 씻고 관리하는 제품군이다. 바디로션은 우리나라 출시 초기부터 '빨간 뚜껑'으로 잘 알려진 제품으로 보습과 피부 진정 작용이 탁월하다. 브랜드명 지앤에치(G&H)인 바디케어 제품들도 지속적인 연구 성과를 반영하여 꾸준히 리뉴얼 제품을 출시하고 있다. 최근에는 피부건강 특화 식물영양소 외에 보습 능력을 높이기 위해 대나무 잎 추출수를 적용하는 등 케어 수준을 넘어 바디 뉴트리션을 강화한 제품 수준으로 개선되고 있다.

SATINIQUE

헤어케어(hair care)는 두피 및 모발 관리에 필요한 제품군이다. 헤어케어 브랜드는 새티니크(satinique)로서 샴푸, 컨디셔너, 여러 종류의 씨럼 등 제품이 포함된다. 샴푸는 노폐물은 제거하되 두피와 모발에 유익한 물질은 남기기 때문에 한번 경험하면 다른 제품은 쓰기 어려울 정도로 품질이 우수하다. 특히 새티니크 스캘프뉴트리션 레이저 L400은 두피와 모발 개선에 탁월한 효과를 보이는 제품이다. 두피나 탈모 등 모발로 고민하는 사람들에게 희망적인 소식이다.

홈 리빙(HOME LIVING)

　홈 리빙은 가정용품으로 세제 제품군과 정수기, 공기 청정기, 조리기구 세트들을 포함한다. 세제류에는 세탁용 세제(브랜드 SA8), 주방용 세제(브랜드 dish drops), 표면 세정용 세제(브랜드 L.O.C.)가 있으며, 이를 통합하는 상위 브랜드가 암웨이 홈(Amway Home)이다.

　암웨이 홈은 독자 개발한 바이오퀘스트포뮬러를 적용하여 강력한 세정력을 가지면서도 물에 생분해되어 피부에 자극을 주는 잔여물이 남지 않는 프리미엄 세제다. 종류에 따라 1:1에서 100:1까지 희석해서 쓰는 고농축 세제이므로 포장재 사용을 줄여 친환경적인 동시에 원가도 절감한다. 암웨이 홈은 미 환경보호국(USEPA)의 세이퍼 초이스(Safer Choice) 인증을 받았다. 세이퍼 초이스 인증 제품은 일반 제품에 비해 까다롭게 선정한 성분을 사용하면서도 성능이 좋은 제품임을 의미한다.

　암웨이 정수기 이 스프링은 세계 판매 1위다. 140 가지 이상의 유해 물질은 거르고 필요한 미네랄은 남기는 압축 카본필터를 적용하여 깨끗한 약 알칼리성 미네랄 워터를 공급한다. 직수 방식이므로 정수과정에서 버려지는 물이 없고, 특수 LED 램프를 활용하여 박테리아는 99.9999%, 바이러스는

99.99% 제거한다. 또 물과 전기가 공존하는 정수기에 안전한 무선전력을 공급하기 위해 암웨이가 개발한 이 커플드 기술(eCoupled technology)은 다양한 분야에서 널리 사용되고 있다.

이 스프링 정수기는 미국 국가위생재단(NSF)과 미국 수질협회(WQA)로부터 인증을 받았다. 미국 수질협회 인증 골드씰 마크는 각종 수질 관련 제품의 성능 및 안전성에 대하여 부여하는 인증이다. NSF 인증 내용은 다음 표와 같다.

인증 항목	내 용
ANSI42	맛, 냄새 등 심미적 요인 감소
ANSI401	의약품 등 신종 오염 물질 15종 감소
ANSI53	각종 유기화합물 감소, 마이크로시스틴 감소, 식품용기 코팅제 PFOS 감소
ANSI55B	바이러스, 박테리아 99.99% 비활성화

암웨이 공기 청정기 앳모스피어 스카이는 프리 필터-집진(헤파) 필터-탈취 필터의 3단계 필터 시스템으로 오염 물질을 정화한다. 고성능 헤파 필터는 초미세먼지 기준(2.5㎛)보다 1000배 이상 작은 0.0024㎛ 크기의 입자까지 99.99% 감소시키고, 초강력 탈취 필터는 유해 가스를 평균 94% 제거한다. 앳모스피어 스카이는 영국 알레르기 재단(Allergy UK)으로부터 22가지 전 항목, 102가지 알레르기 유발물질을 감소시키는 성능을 인증받았고, 유럽

알레르기 재단(ECARF)과 미국 가정용 가전제품 생산자 협회(AHAM)에서도 인증을 받았다.

앳모스피어 커넥트 앱을 통해 언제 어디서나 실내 공기질을 확인하고 조정할 수 있도록 편의성을 더했다. 앳모스피어 스카이 외에 작은 공간에 적합한 앳모스피어 블루가 있다.

암웨이 퀸 티아이(Amway Queen TI)는 프리미엄 주방용품 라인이다. 이 제품들은 고품질의 재료와 혁신적인 기술로 만들어 맛과 영양을 그대로 지키면서 조리 기구에서 발생할 수 있는 유해 요소는 원천 배제된 조리 기구다. 오븐과 같은 다른 조리 기구가 없어도 간편하게 조리할 수 있으며, 최소한의 물로 찜 요리가 가능하고 최소한의 기름으로 튀김 요리가 가능해 영양소의 유실을 최소화하고 있다. 이러한 품질에 비해 가격은 매우 저렴해 시중의 인기가 높다.

원포원(One for One)

ONE for ONE

원포원은 국내 기업이 생산한 제품을 한국암웨이가 위탁 판매해 주는 프로젝트다. 주로 품질이 우수한 중소 기업 제품을 발굴하여 기술 지원과 위탁 판매를 통해 전략적 상생을 도모해 왔다.

원포원 프로젝트는 생산 기업과 한국암웨이에 도움이 되는 동시에 회원들에게도 장점이 많은 3자가 모두 상생하는 프로젝트다. 회원들은 첫째, 신뢰할 수 있는 한국암웨이가 제품을 선정하고 품질을 관리해 주므로 제품 선택이 편리하다. 제품들의 품질을 쉽게 믿기 어려운 시대에 큰 장점이다. 둘째, 김치, 휴지, 라면, 차 등은 우리가 항상 쓰는 제품들인데, 이런 제품들에도 한국암웨이가 포인트를 붙여 주므로 회원들의 보너스가 커진다.

암웨이의 역사는 최초 L.O.C부터 연구 개발의 역사라고 할 수 있다. 더 좋은 제품, 사람과 환경에 더 유익한 제품을 개발하기 위해 연구 개발 투자에 자금과 능력을 아끼지 않는다. 그 결과 등록된 국제 특허가 750건을 넘는다. 한국에서도 15개의 특허가 등록됐고 13건이 출원 중이다.

끊임 없는 연구개발을 위해 전세계적으로 첨단 시설을 갖춘 75곳의 과학 연구소에서 800여명의 전문가가 연구에 몰두하고 있으며, 품질 관리와 개선을 위해서 연간 50만 건 이상의 품질 테스트가 이루어지고 있다.

　한국암웨이는 1991년에 5종의 세제로 영업을 시작했다. 당시는 1980년대부터 불법적인 사행성 피라미드 업체가 기승을 부리고 있었기 때문에 한국암웨이에 대한 인식도 그리 좋을 수 없었다. 그래도 네트워크 마케팅 비즈니스를 제대로 이해한 소수의 회원들에 의해 어느 정도 성장하고 있었다. 이후 1997년 외환위기를 겪으면서 직장이라는 울타리가 생각만큼 든든하지 않다는 점을 인식하게 된 직장인과 전문직들이 많이 참여하였고 제품 수도 빠르게 늘어나면서 비약적으로 성장했다. 이 과정에서 급성장 후 조정과 같은 부침을 겪기도 했으나 30년이 넘은 현재는 안정적으로 1조원 이상의 매출을 올리면서 제2의 성장을 준비하고 있다.

　현재 한국암웨이는 글로벌 Top 4의 위치를 차지하고 있다. 이렇게 성장한 것은 한국인 특유의 성장 욕구와 교육열 그리고 한국암웨이의 절대적인 지원이 잘 어울려 만들어낸 결과다. 회사가 ABO를 지원해 주는 대표적인 예가 암웨이 비즈니스&브랜드 센터(ABC)다. ABC에서는 제품을 직접 경험하고 구매할 수 있을 뿐 아니라 다양한 행사와 교육도 진행된다. 전국에 14개의 센터가 운영되고 있는데 이는 전 세계 어느 나라보다도 많은 숫자다.

한국암웨이는 원포원 프로젝트와 함께 글로벌 플랫폼을 활용하여 국내 기업의 해외 진출을 지원한다. 2023년 현재 21개 기업이 16개국으로 진출했으며 그 누적액은 8천억 원에 달한다. K뷰티 파워가 강력해지면서 암웨이도 한국에 이스트 뷰티 혁신 허브를 설립했는데 이는 전세계에 공급될 뷰티 제품의 개발 전초기지로 국내 기업들이 진출할 수 있는 주요한 통로 역할을 하고 있다. 또 글로벌 암웨이의 아시아 물류 허브센터가 2011년 부산에 설립된 점도 특기할 만하다. 아시아 지역으로 향하는 암웨이 제품이 모두 여기를 통해 간다.

1991년 7월 1일 발간된 한국암웨이 제1호 아마그램. 아마그램은 매월 발간되는 한국암웨이 정기 간행물이다. 표지에 한국암웨이 영업 시작과 함께 출시된 전 제품 5종류의 세제가 보인다. 오른쪽은 공동 창업자 리치 디보스와 제이 밴 앤델이다.

암웨이는 최적의 파트너인가?
Action

| 품질이 좋다. 명품이다.

 암웨이가 생산하는 제품은 품질이 좋다. 아니 "품질이 좋다'는 표현으로는 많이 부족하다. 품질 면에서 비교할 제품이 거의 없는 명품이다. 몇 가지 예만 들어보자. 자체 농장을 가지고 원료부터 완제품까지 관리하는 곳은 암웨이 뉴트리라이트가 세계에서 유일하다. 완전 친환경이면서 그렇게 세척력이 좋은 세제는 찾아보기 어렵다. 물을 아끼는 직수 방식이면서 유해 물질은 완벽하게 거르고 미네랄은 그대로 통과시키는 정수기는 암웨이 정수기 외에 없다. 영국 알레르기 재단 홈페이지에 들어가서 공기 청정기를 직접 비교해 보면 앳모스피어 스카이가 얼마나 엄청난 제품인지 쉽게 확인할 수 있다. 원 포원 제품도 암웨이가 사전 사후로 품질관리를 하기 때문에 직접 생산 제품에 준하는 믿어도 좋은 제품들이다.

 모든 제품은 용기까지도 친환경이다. 동물 실험은 단 한 번도 하지 않았을 정도로 윤리적이다. 노동 착취 등이 있지는 않은지 공정 무역까지 꼼꼼히 체크한다. 점점 인식이 높아지고 있는 가치소비 경향에 오래 전부터 가장 잘 맞는 제품이다.

명품인데 가격이 좋다.

품질 면에서 암웨이 제품과 비교할 수 있는 제품이 별로 없어 가격이 얼마나 좋은지를 설명하기는 쉽지 않다. 그러나 그보다 못한 품질의 제품들이 가격이 더 높은 예는 얼마든지 찾아볼 수 있다. 세계 5대 메이커들의 화장품 가격을 아티스트리 제품 가격과 비교해 보면 더 이상 가격 비교가 의미가 없다는 점을 쉽게 알 수 있다. 뉴트리라이트 제품은 따라할 수 있는 회사도 없지만 혹 따라한다고 하면 그 가격은 엄청나게 높을 것이다.

소모성 생활필수품이다.

건강식품, 화장품, 퍼스널케어, 홈리빙 제품들 모두 누구나 언제나 쓰는 생활필수품이다. 그런데 건강식품은 먹으면 없어지고, 화장품은 바르면 없어지고, 퍼스널 케어는 씻으면 없어지고, 홈리빙 제품은 세척하면 없어지는 제품이다. 내구재인 정수기와 공기 청정기도 매년 필터를 교체한다. 폭 넓은 수요의 제품이면서 소모되는 제품은 누구나 필연적으로 반복해서 구매해야 하기 때문에 네트워크 마케팅 비즈니스의 필수적인 실현 조건이다.

소비자 만족보증 제도

암웨이는 소비자의 만족을 보증한다. 구매해서 제품을 써봤는데 만족스럽지 않으면 일정 기간(3개월) 내에 환불해 주는 제도다. 품질 보증은 '객관적 기준'인 제품의 하자에 대해서 수리 혹은 교환해 주는 것이다. 반면 만족 보증은 순전히 소비자의 '주관적 기준'인 만족을 보증하는 것이므로 소비자가 마음만 바뀌어도 사용하던 제품을 환불해 준다. 한번 판매한 제품은 끝까지 책임지는 것, 품질에 자신이 없으면 시도하기 어려운 일이다. 만족 보증제를 실시한다는 것은 품질에 자신이 있다는 방증이다.

| 회원 가입에 비용이 들지 않는다.

한국암웨이는 회원 가입에 경제적 부담이 전혀 없다. 단순 소비자인 멤버로 가입하거나 사업을 할 수 있는 ABO로 가입하거나 부담이 전혀 없다. 그 외 어떤 이유로도 비용이 전혀 들지 않는다.

정리하면 한국암웨이는 '누구나 일체의 경제적 부담 없이 ABO 회원으로 가입하여 좋은 품질의 제품을 좋은 가격으로 구매할 수 있다. 혹 구매한 제품이 조금이라도 만족스럽지 않으면 아무런 조건 없이 환불해 준다.' 그러므로 누구나 부담 없이 회원이 되어 좋은 제품을 구매해 경험할 수 있고, 그렇기 때문에 부담 없이 회원으로 가입하도록 권유할 수 있다. 네트워크 마케팅 비즈니스를 하는 데에 있어서 절대적으로 중요한 조건이다.

액션 비즈니스 3

CHAPTER IV

보상 플랜
내가 정하는 수입

Introduction

물가가 2배로 오르면 돈의 가치(*실질 가치*)는 얼마가 될까?

1/2이다. 10억원짜리 집을 가지고 있는데 물가가 2배로 오르는 동안 집값이 전혀 오르지 않으면 가격은 여전히 10억원이지만 실제 가치(현재 가치)는 5억원이 된다는 얘기다.

10억원을 은행에 예치해 놓고 매년 이자를 받아 생활하는데 물가가 2배로 오르면 10억원 원금은 그대로지만 가치는 5억원이 되고, 그 해에 받는 이자 수입의 가치도 지금 받는 수입의 1/2로 떨어진다.

그림은 물가와 자산가치의 관계를 나타낸 것이다. 물가는 꺾은선 그래프로서 매년 2.5%씩만 오른다고 가정했다. 2.5%는 21세기 들어 23년간 우리나라 소비자물가 상승률 평균 수준이다. 매년 2.5%씩 오르면 10년 후에는 28.0% 오른다. *(물가는 복리로 오르기 때문에 25.0%가 아니다)* 20년 후에는 63.9%, 30년 후에는 109.8%가 올라 현재 물가의 2배가 넘게 된다.

막대 그래프는 물가가 오르면서 점점 떨어지는 자산가치를 보여준다. 10년 후 물가가 28% 올랐으므로 현재 10억원의 가치가 7억8천만원으로 떨어진다. 20년 후에는 6.1억원, 30년 후에는 4.77억원이된다. 물가 상승 즉, 인플레이션으로부터 자유로운 자산은 없다.

암웨이 보너스는 이자처럼 정기적으로 지급된다. 그런데 물가가 오를 때 암웨이 보너스는 제품 가격에 연동되어 같이 오르므로 물가가 올라도 네트워크의 자산 가치는 그대로 유지된다. 매년 이자를 받아서 생활했는데 원금의 가치가 그대로 유지된다는 것, 임대 수입을 받아서 썼는데 빌딩은 전혀 노후되지 않는다는 것과 같다. 암웨이 네트워크는 인플레이션의 영향을 받지 않는 자산이다.

　물가가 오르지 않으면 좋겠다고? 장기적으로 물가가 오르지 않는 경제는 생동감이 없는 불황 경제다. 자산의 가격 자체가 떨어질 위험이 크다.

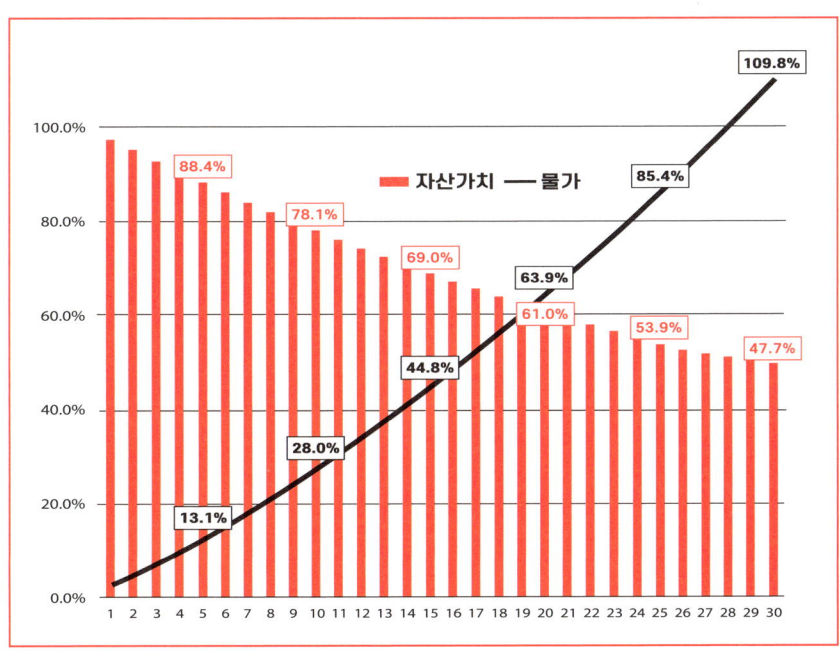

물가와 자산 가치

보상 플랜의 종류
Action

한국암웨이의 보상 플랜은 코어 보너스와 코어 플러스 인센티브로 크게 나눌 수 있다. 코어 보너스는 변동이 거의 없는 근간이 되는 보너스이며, 코어 플러스 인센티브는 회원 사업자의 성장에 초점을 맞춘 보너스로서 주기적으로 변동해 왔다. 이 외에 창업자 성취상(FAA)과 연속달성 보너스(TTCA) 그리고 여행 프로그램(NCA)이 있다.

코어 보너스는 월간 보너스와 연간 보너스로 나뉜다. 월간 보너스는 후원수당, 루비 보너스, 리더십 보너스, MD 보너스 등이고, 연간 보너스는 에메랄드 보너스, 다이아몬드 보너스, 다이아몬드 플러스 보너스다.

코어 플러스 인센티브에는 브론즈 빌더 인센티브, 퍼포먼스 플러스 & 엘리트 인센티브, 연속달성 인센티브, 퍼스널그룹 성장 인센티브, 프론트라인 성장 인센티브, 자격점수(QC) 성장 인센티브가 있다.

한국암웨이 보너스 기금은 매출액의 약 35%로서 우리나라 법적 상한이다. 1년 매출액이 1조원이라면 3500억원이 ABO에게 보너스로 지급된다는 것이다. 백화점 입점 수수료, 홈쇼핑 수수료, 프랜차이즈 가맹 본부의 수수료들이 모두 통상 35% 수준이다.

PV, BV, 가격

본격적으로 보너스를 설명하기 전에 먼저 기본 개념들을 알아보자. 카탈로그 "더 초이스"에는 제품마다 가격과 함께 BV와 PV가 표시돼 있다. BV(Business Volume)는 제품 가격에서 부가가치세 10%를 뺀 제품의 순가격으로서 보너스 계산의 기준이다. 즉, BV에 지급 비율(%)을 곱하면 보너스 금액이 산정 된다.

PV(Point Value)는 제품에 부여된 점수로서 보너스 지급 비율(%)을 결정하는 기준이다. 제품 가격이 오르면 BV는 당연히 같이 오른다. 반면 PV는 회사가 정책적으로 붙여 놓은 점수이므로 제품 가격이 올라도 따라 오르지 않는다.

PV는 제품 가격의 50%를 조금 넘는 수준에서 결정되고 있고, 2024년 현재 BV는 PV의 1.8배 수준이다. PV와 BV의 비율을 수익성 지수라고 하는데 이 지수는 조금씩 변동할 수 있다. 단, 코어 제품이 아닌 원포원 제품은 일반적으로 PV와 BV 모두 좀더 낮은 수준에서 정해진다.

BV는 보너스 산정의 기준으로서 제품 가격과 같이 변동한다. 따라서 제품 가격이 오르면 같은 비율로 보너스도 오른다. 그래서 암웨이 보너스는 인플레이션에도 불구하고 그 가치가 유지되는데, 이것이 BV를 사용하는 이유다.

공정한 보너스
Action

보너스 산정의 대원칙은 공정한 지급이다. 보너스 중 가장 기본인 후원수당을 예로 들어 알아보자. 그림과 같이 나는 S로부터 암웨이 사업과 제품을 전달받았고, 다시 A와 B 두 사람에게 알려줬다. 이 네 사람이 모두 20만PV씩 구매한 경우 각각의 보너스를 구해보자.

A와 B는 20만PV씩 구매했으므로 여기에 지급 비율 3%(표 참고)를 곱하면 보너스는 각각 6,000원이다. 다음 나의 보너스는 나의 그룹(그림의 나를 둘러싼 검정색 점선) 보너스를 계산한 후 A, B가 받을 보너스를 빼면 된다. 그룹 전체가 받을 보너스 36,000원(60만X6%=36,000)에서 A와 B의 몫 12,000원을 뺀 24,000원이 나의 보너스다.

S의 보너스도 같은 방법으로 계산한다. S의 그룹 전체가 받을 보너스는 48,000원(80만X6%=48,000)이고, 하위 그룹의 보너스는 36,000원이므로 S의 보너스는 12,000원(48,000-36,000=12,000)이 된다.

여기에서 나와 S를 비교해보면, S는 나보다 먼저 회원으로 가입했고 S 그룹의 총 볼륨(80만)도 나의 그룹의 볼륨(60만)보다 크며 그룹의 회원 수도 많다. 그런데 나의 보너스가 S의 보너스보다 더 많은 이유는 무엇일까? '나'

가 S보다 더 많은 사람에게 광고를 해서 더 큰 성과를 만들었기 때문이다. 즉, 나의 노력과 성과가 S보다 더 크기 때문에 보너스 금액도 더 큰 것이다. 암웨이 보너스는 가입 시기와 관계 없이 누가 노력을 더 기울였는가에 따라서 결정된다. "노력과 성과순"은 암웨이 모든 보너스에 적용되는 가장 중요한 대원칙이다.

실제 수령 금액은 위 예에서 계산된 금액에 PV:BV 비율을 곱한 금액인데, 이해의 편의를 위해 이 책에서는 이 비율을 1:1로 적용한다.

후원수당 지급 비율

비율	3%	6%	9%	12%	15%	18%	21%
PV(만)	20	60	120	240	400	680	1000

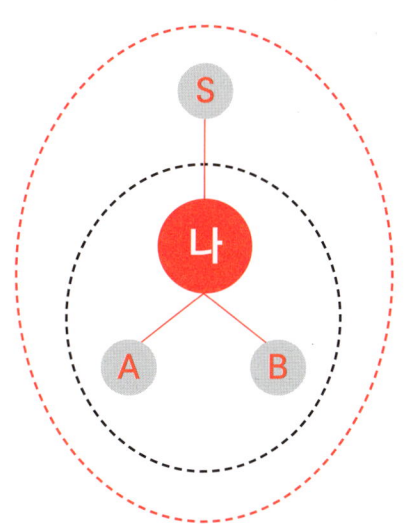

보너스의 증가 (3)

20만PV 소비만 했을 때 보너스는 6천원이었다. 그러면 다른 사람들에게 알리기 시작해서 그림과 같이 3명이 추가로 소비하도록 했을 때 보너스는 얼마일까?

그룹 전체가 받을 보너스에서 하위 그룹이 받을 보너스를 뺀 것이 나의 보너스임을 기억하자. 그룹 PV는 80만이므로 그룹 전체 보너스는 48,000원(80만X6%)이다. 하위 3 그룹이 받을 보너스는 각각 6천원(20만X3%)씩 3그룹 합계 18,000원이다. 따라서 나의 보너스는 48,000원에서 18,000원을 뺀 3만원이 된다. [실제 수령액은 약 5만원]

소비한 금액은 이달과 지난 달이 20만원으로 같다. 그런데 지난 달 보너스는 6,000원이고 이 달의 보너스는 30,000원이다. 소비에 대한 보상은 지난 달과 같이 6,000원이라고 보면 차액 24,000원은 사업 소득이라고 생각할 수 있다. 이런 점에서 구전 광고만으로 하는 암웨이 사업이 정말로 사업이 될 수 있다는 가능성을 느낄 수 있을 것이다.

비율	3%	6%	9%	12%	15%	18%	21%
PV(만)	20	60	120	240	400	680	1000

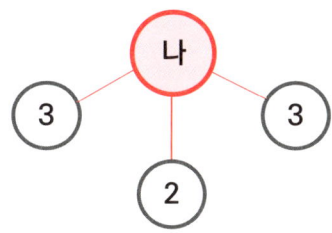

48,000 - 18,000 = 30,000

그룹 전체 보너스; 800,000 X 6% = 48,000

하위 3그룹 보너스; (20만 X 3%) X 3 = 18,000

보너스의 증가 (3-3)

한 걸음 더 나아가 세 명(4, 5, 6)을 새로 후원하고 기존 세 그룹(1, 2, 3)은 각각 세 명씩 후원하도록 도와서 그림과 같은 네트워크가 됐다. 그룹 PV는 80만 PV 세 그룹(1, 2, 3)과 20만 PV 세 그룹(4, 5, 6)에 나를 더하여 320만 PV다(80만X3+20만X3+20만). 여기에 보너스 테이블에 따라 12%를 곱하면 그룹 전체 보너스는 384,000원이다.

1, 2, 3 세 그룹의 보너스는 각각 4만 8천원(80만X6%)씩 합계 144,000원이고, 4,5,6 세 그룹은 6천원(20만X3%)씩 합계 18,000원이므로 하위그룹 보너스 합계는 162,000원(144,000+18,000)이다. 따라서 나의 보너스는 384,000원에서 162,000원을 뺀 222,000원이 된다. [실제 수령액은 약 40만원]

40만원은 작은 돈인가? 크지는 않지만 짭짤한 돈인가? 그 정도로 보일 수 있다. 그런데 암웨이 사업은 네트워크를 만드는 사업이고, 이 네트워크라는 자산에서 은행 이자처럼 40만원을 계속 받는다는 점을 생각하면 이미 얼마나 큰 일을 해낸 것인지 가늠할 수 있다.

매월 40만원, 1년에 480만원을 이자로 받으려면 은행에 얼마를 예치해야 할까? 예금리를 4%로 높게 잡아도 1억4천만원을 예치해야 실수령액이 4,737,600원 이 된다. (1억 4천만원의 4%인 560만원에서 15.4%, 862,400원은 세금으로 내야 한다.) 별로 크지 않아 보이는 그림의 네트워크의 가치가 최소 1억4천만원이라고 볼 수 있다.

이게 끝이 아니라 물가를 감안해야 한다. 인트로에서 본 것처럼 물가가 매년 2.5%씩만 올라도 원금의 현재 가치는 10년 후 78.1%, 20년 후 61.0%, 30년 후에는 47.7%로 줄어든다. 즉, 현금 1억 4천만원을 은행에 예치하고 20년간 이자를 받아 쓰면 원금의 현재 가치는 8천5백4십만원으로 줄어든다는 얘기다. 반면 암웨이 네트워크의 자산가치는 물가가 상승할 때 소득도 같이 오르므로 1억 4천만원의 가치가 그대로 유지된다. 비교할 수 없는 엄청난 차이다.

비율	3%	6%	9%	12%	15%	18%	21%
PV(만)	20	60	120	240	400	680	1000

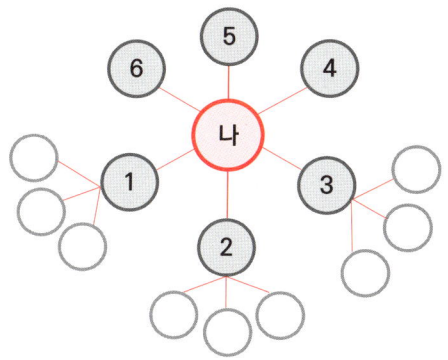

384,000 − (144,000 + 18,000) = 222,000
그룹 전체 보너스; 3,200,000 X 12% = 384,000
하위 6그룹 보너스; (80만 X 6%) X 3 = 144,000
(20만 X 3%) X 3 = 18,000

보너스의 증가 (3-3-3)

 한 단계 더 나아가 그림과 같이 1, 2, 3 세 그룹의 아홉 명이 각각 3명씩 더 후원했고 4, 5, 6 세 그룹도 각각 3명씩 더 후원하여 네트워크가 깊어지면 보너스는 다음과 같이 된다.
 그룹 전체 PV는 13명씩 260만 PV 세 그룹(1, 2, 3)과 80만 PV 세 그룹(4, 5, 6)에 나를 포함하여 1,040만 PV다(260만X3 + 80만X3 + 20만). 여기에 보너스 테이블에 따라 21%를 곱하면 그룹 전체 보너스는 2,184,000원이 된다.

 1, 2, 3 세 그룹의 보너스는 각각 31만 2천원(260만X12%)씩 합계 936,000원이고, 4, 5, 6 세 그룹은 4만8천원(80만X6%)씩 합계 144,000원이므로 하위그룹 보너스 합계는 1,080,000원이다. 따라서 나의 보너스는 2,184,000원에서 1,080,000원을 뺀 1,104,000원이 된다. [실제 수령액은 약 200만원]

 앞의 예 (3-3)의 네트워크의 가치를 1억 4천만원으로 평가하면 (3-3-3) 네트워크의 가치는 약 7억원이 된다. 이런 네트워크를 만들었다는 것은 월 200만원, 연간 2천4백만원을 벌었다는 의미가 아니라 7억원을 벌어서 예치해 놓은 것과 같다는 뜻이다. 일정 기간(개인별 차이가 있으나 많은 사람들은 몇 개월에 이런 네트워크를 형성한다) 노력을 기울여 이렇게 큰 가치의 네트워크를 만든다는 점에서 네트워크 마케팅 비즈니스가 얼마나 훌륭한 사업인지 알 수 있다.

비율	3%	6%	9%	12%	15%	18%	21%
PV(만)	20	60	120	240	400	680	1000

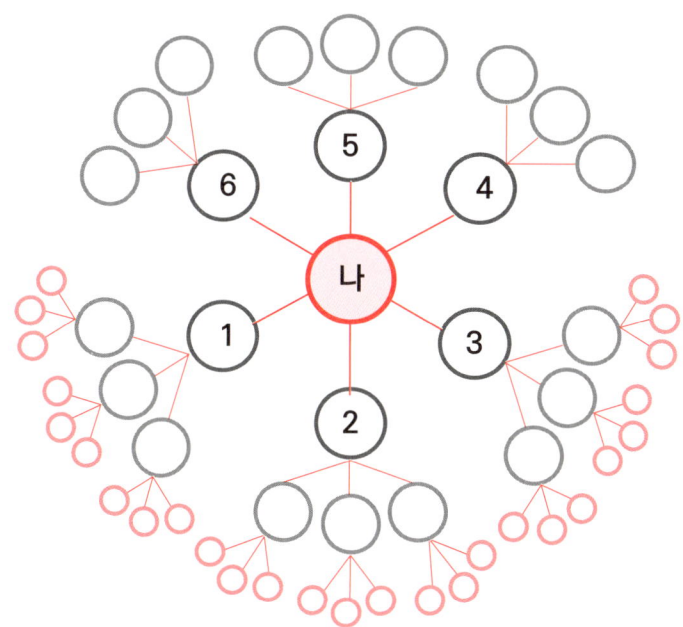

2,184,000 − (936,000 + 144000) = 1,104,000

그룹 전체 보너스; 10,400,000 X 21% = 2,184,000

하위 6그룹 보너스; (260만 X 12%) X 3 = 936,000

(80만 X 6%) X 3 = 144,000

| 보너스의 증가의 다른 예 (6-4-2)

다음 예는 6-4-2로 늘어나는 네트워크다. 이 예는 미국의 연방거래위원회 *(FTC)*가 권유하는 설명 방식이기도 하다. 암웨이 사업은 네트워크를 만드는 모양에 아무런 제한이 없다. 옆으로 늘리든 깊이로 늘리든 자유다.

(6)

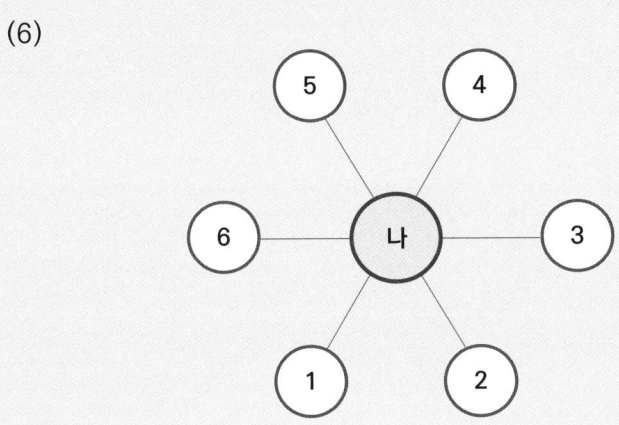

```
126,000 - 36,000 = 90,000
그룹 전체 보너스; 1,400,000 X 9% = 126,000
하위 6그룹 보너스; (20만 X 3%) X 6 = 36,000
```

(6-4)

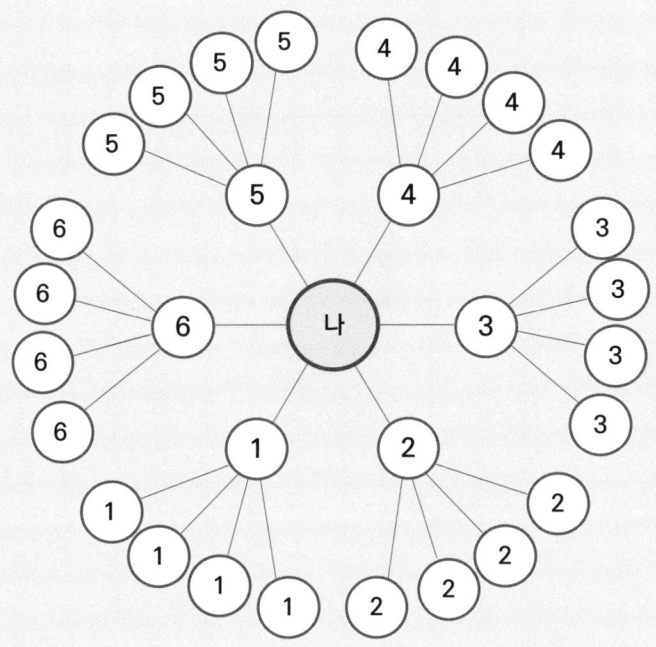

930,000 - 360,000 = 570,000

그룹 전체 보너스; 6,200,000 X 15% = 930,000

하위 6그룹 보너스; (100만 X 6%) X 6 = 36,000

(6-4-2)

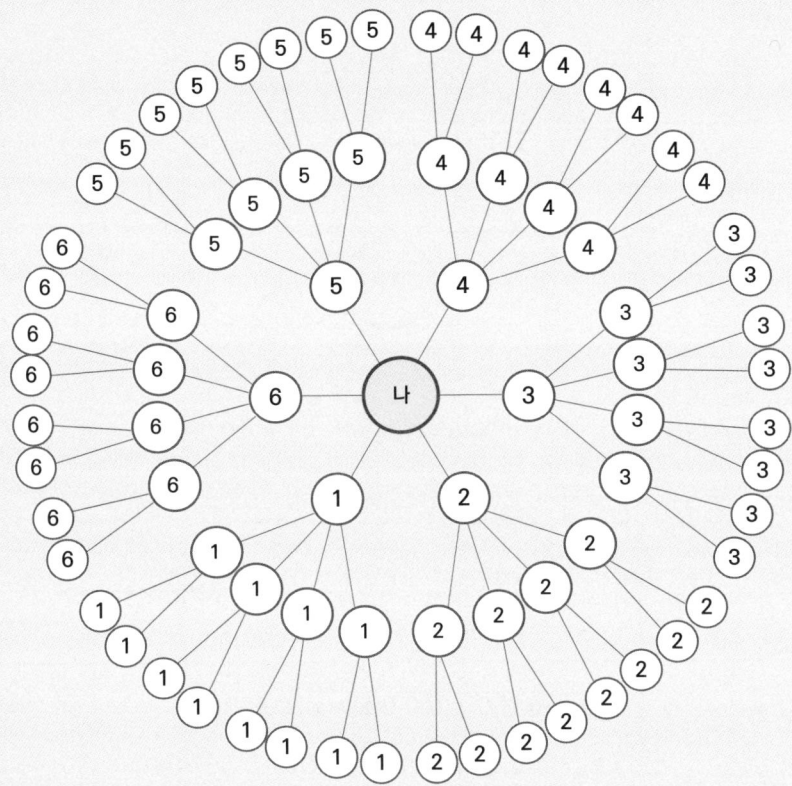

3,318,000 – 1,872,000 = 1,446,000

그룹 전체 보너스; 15,800,000 X 21% = 3,318,000

하위 6그룹 보너스; (260만 X 12%) X 6 = 1,872,000

Action

핀을 달성하며 네트워크는 안정적으로 성장

그룹 PV가 1000만 이상이 되어 21%를 달성한 회원은 SP(Silver Producer)가 된다. 1년 안에 3달 이상 1000만 PV면 GP(Gold Producer), 6개월 이상이면 플래티늄(Platinum), 12개월 모두 달성하면 파운더스 플래티늄(Founders Platinum)이 된다. PV가 더 커지는 것이 아니라 1000만PV라는 동일한 조건을 반복할수록 핀이 올라가는 것은 반복하면서 안정적인 네트워크로 성장시키라는 의미다.

플래티늄은 뒤에 설명할 사파이어 이상의 핀을 성취하는데 있어서 매우 중요한 역할을 하는 암웨이 사업의 마디가 되는 핀이다. 파운더스 플래티늄은 충분히 안정된 1000만PV 네트워크를 형성했다는 의미로 해석할 수 있다. 이 때부터는 일정한 조건 하에 리더십세미나라고 부르는 해외 여행에 초청된다.

플래티늄 이상은 핀을 처음으로 성취한 달과 다음 해에 재달성한 달에 연속달성 인센티브를 받는다. 플래티늄은 180만원, 파운더스 플래티늄은 360만원이다.

1000만 PV 이전에 그룹 PV가 400만 이상이면서 6% 이상 세 레그를 후원하면 브론즈빌더가 된다. 브론즈 핀을 성취하면 18개월 이내에 최대 12회 해당 월 후원수당의 30%를 추가로 받는다. 6개월 째에는 50만원 12개월 째에는 100만원이 추가된다. 이 것이 코어 플러스 인센티브에 속하는 브론즈 빌더 인센티브다.

볼륨 성장에 대한 추가 보상

Action

후원수당의 최고 지급 비율은 21%다. 그런데 이에 그치지 않고 볼륨이 더욱 커지면 추가로 주어지는 보상이 있다. 그룹 PV가 1200만을 넘으면 후원수당 외에 2%를 추가로 받는다. 실제 수령액은 40만~50만원 정도 된다. 1500만 PV 이상이면 3%로 늘어나 80만원 정도의 금액이 추가된다. 이 보너스가 각각 **퍼포먼스 플러스 인센티브**, **퍼포먼스 엘리트 인센티브**인데, 이 것은 코어 플러스 인센티브이므로 변경되거나 조정될 수 있다.

그룹 PV 2000만 이상은 루비로서 그룹 볼륨의 2%를 루비 보너스로 받는다. 루비를 달성하면 당연히 퍼포먼스 엘리트 인센티브 3%와 루비보너스 2%를 합한 5%를 후원수당 외에 추가로 받게 된다. 금액은 퍼포먼스 엘리트 인센티브 100만원 이상, 루비 보너스 70만원 이상을 합해서 200만원 가까이 되므로 후원수당을 포함하면 총 500만원 정도 된다. 루비 자격을 1년간 계속하면 파운더스 루비 핀을 성취한다.

플래티늄 이상이 되면 연말 보너스인 **퍼스널 그룹 성장 인센티브**를 추가로 받을 수 있다. 지난 회계연도에 비해 1000만PV를 달성한 달이 많거나 같으면 1년 동안 해당 월 후원수당을 모두 더한 금액의 일정비율을 연말에 받는다. 지급 비율은 1000만 이상 달성월이 몇 개월 늘어났는지에 따라 30%~50%

에서 결정된다. 즉, 후원수당을 매월 250만원씩 1년 동안 3천만원을 받은 회원은 연말에 1500만원을 추가로 받을 수 있는 것이 한국암웨이 회계연도는 9월부터 이듬해 8월까지다.

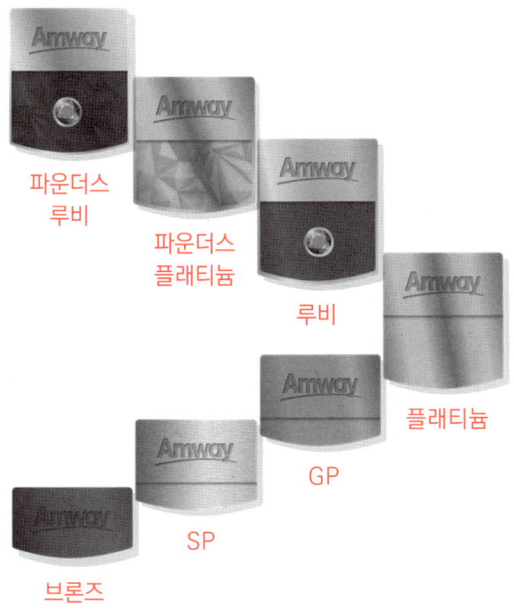

핀(브론즈~파운더스 루비)

| 리더십 보너스(leadership bonus)

리더십 보너스는 다운라인 파트너 사업자가 21% 이상으로 성장하도록 도운 데 대한 보상이다. 그림을 보면 첫번째 레그가 1000만PV 이상으로 성장했다. 1000만PV 이상인 레그를 Q레그라고 한다. 이렇게 Q레그를 후원하면 그 Q레그 그룹 볼륨의 6%에 해당하는 금액을 후원자인 나에게 준다. 이것이 리더십 보너스다. Q레그가 1000만PV인 경우 6%인 60만원이 보너스 금액이다. [실 수령액은 100만원을 넘는다]

2번 레그도 Q레그가 되면 100만원 이상이 추가되어 200만원 이상이 되고, 6 레그가 모두 Q레그가 되면 리더십 보너스는 600만원 이상이 된다. 만일 Q레그의 볼륨이 1500만PV라면 리더십 보너스도 이 볼륨의 6%로 늘어난다.

리더십 보너스는 후원수당에 비해 보너스의 안정성이 더욱 높으며, 네트워크가 성장함에 따라 금액도 후원수당보다 훨씬 커진다.

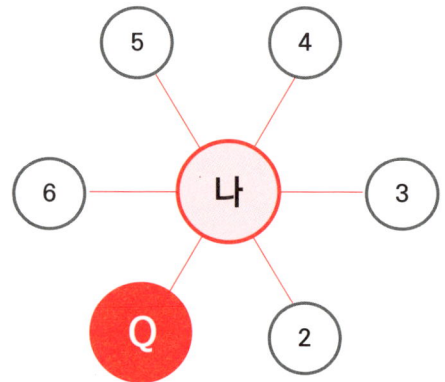

국제 후원과 대리 후원

한국의 사업자가 외국에 사는 사람도 후원할 수 있다. 이것을 국제후원이라고 한다. 외국에 거주하는 외국인을 한국의 사업자가 직접 도와 주기는 어려우므로 그 나라에서 직접 도와 줄 대리 후원자가 있어야 한다. 아래 왼쪽 그림은 한국의 나는 국제후원자가 되고 외국에 있는 후원자는 대리 후원자가 되는 경우인데, 이때 리더십 보너스는 국제 후원자 2%, 대리후원자 4%로 나누어 지급된다. 반대로 오른쪽 그림은 외국인 사업자가 한국인을 국제후원하고 나는 대리후원자가 되는 경우로서 대리후원자인 나는 리더십보너스 4%, 국제후원자인 외국인의 리더십보너스는 2%다.

미국과 영국 등 몇몇 나라는 국적이나 취업 비자가 없어도 그 나라에서 암웨이 사업을 할 수 있다. 외국에 사는 친구나 가족이 많은 글로벌 시대에 국제후원도 좋은 사업 기회가 될 것이다.

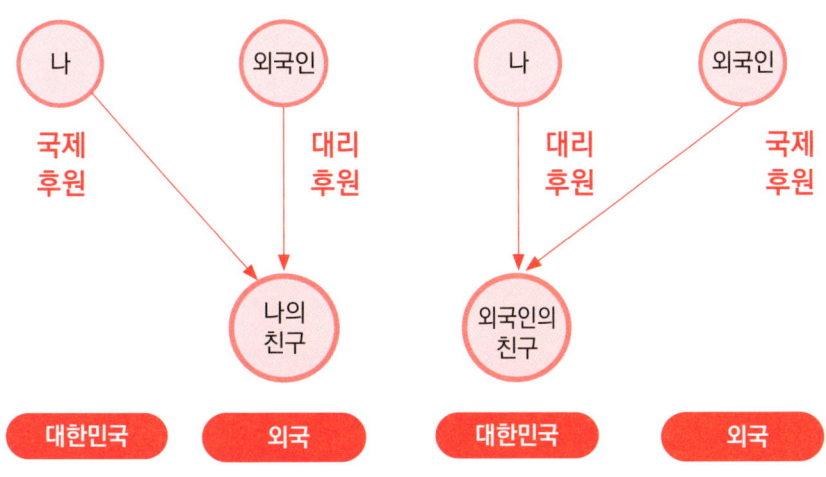

| MD 보너스(MD bonus)

MD는 monthly depth의 약자로 뎁스 후원에 대한 월간 보너스라는 뜻이다. 그림에서 내가 직접 후원한 파트너 회원 6명을 프론트라인(front line)이라고 하고, 프론트라인의 하위 사업자들은 모두 나의 뎁스(depth)라고 한다. 3레그 이상이 Q레그가 되면 아래 그림의 MD 영역에서 발생되는 볼륨 합계의 1%를 MD 보너스로 받는다. MD 보너스는 후원수당은 물론 리더십 보너스보다도 안정성이 더욱 높다.

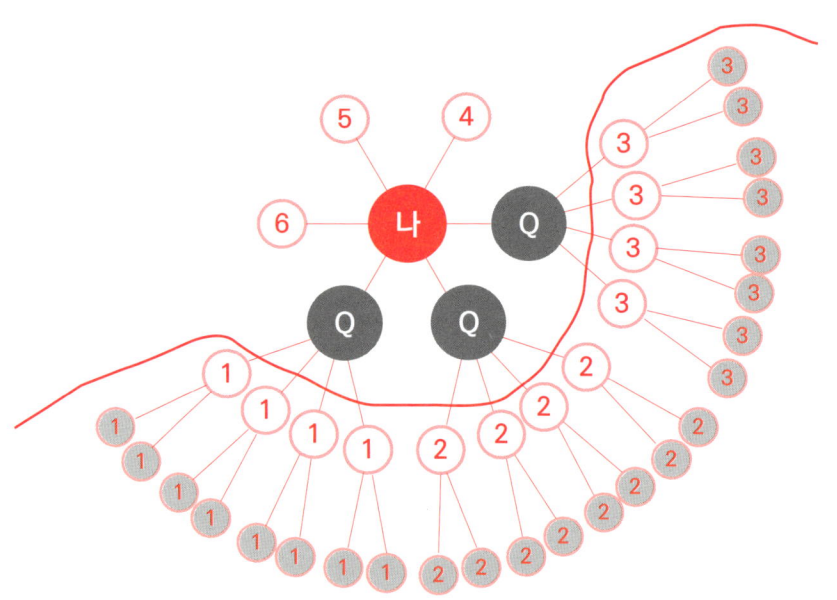

본인이 1년동안 1000만PV 이상을 몇 개월 달성했는지를 기준으로 지급하는 퍼스널 그룹 성장 인센티브처럼, 다운라인 파트너가 몇 개월 1000만 PV 이상을 달성했는지를 기준으로 지급하는 연말 보너스가 **프론트라인 성장 인센티브**다.

프론트라인 성장 인센티브는 파트너 사업자를 도와서 성장 시킨 데 대한 보상으로 연간 리더십보너스와 MD보너스 총 합계금액에 지급 비율을 곱해 보너스 금액이 산정된다 지급 비율은 핀과 프론트라인 Q의 증가 개월수에 따라 10% ~ 100%다.

예를 들어 리더십 보너스와 MD보너스를 매월 1000만원 받은 경우 지급 비율이 100%면 연간 합계 금액 1억2천만 원을 연말에 더 받는다. 프론트라인 성장 인센티브는 파운더스 플래티늄 이상이 수혜대상이다.

| 핀 성장 - 제 2단계; 사파이어 ~ 다이아몬드

　브론즈부터 파운더스 루비까지는 그룹 볼륨의 성장과 안정에 초점을 맞춘 핀이다. 이것이 사업 성장의 첫 단계라면 다음 제2단계는 다운라인 사업자를 플래티늄~파운더스 플래티늄으로 후원하는 것이다.

　다운라인을 도와서 두 레그를 플래티늄으로 성장시킨 회원을 사파이어, 두 레그를 모두 파운더스 플래티늄이면 파운더스 사파이어 라고 한다. 사파이어 ~ 파운더스 사파이어는 연간 5천만원~7천만원 정도의 수입이 된다. 사파이어의 연속달성 인센티브는 470만원, 파운더스 사파이어는 710만원이다.

　나아가 세 레그 이상을 플래티늄으로 성장시키면 에메랄드, 파운더스 플래티늄으로 성장시키면 파운더스 에메랄드가 된다. 에메랄드 이상은 연간 보너스인 에메랄드 보너스를 받는다. 에메랄드 보너스는 1년간 한국암웨이 매출액(정확히는 BV) 합계의 0.25%를 기금으로 에메랄드 이상의 회원들에게 일정한 공식에 따라 나누어 지급된다. 예를 들어 매출액이 1조원이면 25억원이 기금이 되는 것이다. 에메랄드~파운더스 에메랄드는 연간 7천만원~1억원 정도가 중심 수입이 된다. 에메랄드와 파운더스 에메랄드의 연속달성 인센티브는 각각 950만원, 1190만원이다.

| 다이아몬드 – 암웨이 사업의 꽃

 여섯 레그를 도와 플래티늄 레그로 성장시키면 암웨이 사업의 꽃이라고 할 수 있는 다이아몬드가 된다. 다이아몬드는 에메랄드 보너스와 동일한 기금을 다이아몬드 이상에게 지급하는 다이아몬드 보너스를 추가로 받는다. 연간 중심 수입은 1억5천만원 정도 된다.

 다이아몬드가 되면 리더십 세미나 외에 국내에서 개최되는 2박 3일의 다이아몬드 세미나와 해외 여행인 다이아몬드 인비테이셔널이 추가된다. 다이아몬드 이상은 모든 해외 여행에 비즈니스 클래스 좌석을 이용한다. 매년 1억5천만원 정도의 수입과 두 번의 고급 해외 여행은 많은 사람들이 원하는 라이프스타일일 것이다. 그래서 다이아몬드를 암웨이 사업의 꽃이라고 할 수 있다.
 여섯 레그가 모두 파운더스 플래티늄이면 파운더스 다이아몬드가 된다. 다이아몬드보다 네트워크가 더욱 안정적이며 수입도 훨씬 크다. 다이아몬드와 파운더스 다이아몬드의 연속달성 인센티브 금액은 각각 1,480만원, 1,780만원이다.

 그림은 가장 먼저 사업을 시작한 회원이 사파이어가 됐는데, 그보다 늦게 시작한 플래티늄이 더 열심히 한 결과 먼저 에메랄드를 성취했고, 더 늦게 시작한 회원이 더 열심히 해서 다이아몬드가 되는 예다. 사파이어 이상도 누가 먼저 시작했는지는 전혀 중요하지 않고 누가 더 열심히 했는지가 중요하다. 이러한 예는 실제 사업에서는 일반적으로 볼 수 있는 예다.

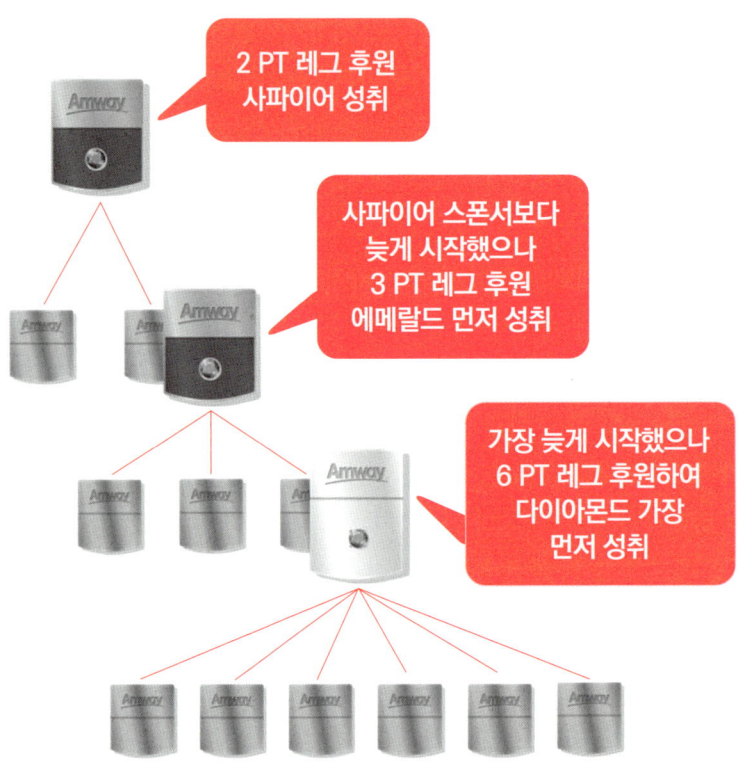

| 핀 성장 – 제 3단계; 수석 다이아몬드 이상

   다운라인 파트너 사업자를 파운더스 플래티늄 이상으로 더 크게 성장하도록 도우면 더 높은 핀을 성취하게 된다. 수석 다이아몬드부터는 다운라인을 얼마나 성장시켰는지를 기준으로 자격 점수(Qualification credit)가 주어지며 이 점수로 핀이 결정된다.
   다운라인의 핀에 따라 파운더스 플래티늄은 1.0점, 에메랄드는 1.5점, 다이아몬드는 3.0점, 파운더스 다이아몬드는 6.0점이 나의 자격점수가 된다. 표에 나타낸 바와 같이 이 점수 합계가 10점이 되면 수석 다이아몬드, 16점이 되면 파운더스 수석 다이아몬드 등으로 올라가서 100점이 되면 파운더스 크라운 앰배서더가 되는 것이다.

   첫째 예에서는 6레그가 모두 파운더스 플래티늄이면서 총 10조가 파운더스 플래티늄이므로 각 1.0씩 합계 10.0점을 자격점수로 얻어 수석 다이아몬드가 된다. 둘째 예는 다이아몬드 3.0, 에메랄드 1.5점씩 2조 합계 3.0, 파운더스 플래티늄 1.0점씩 4조 합계 4.0을 모두 더한 합계 10.0점으로 수석다이아몬드가 된다.

   수석 다이아몬드 이상은 수입이 훨씬 커짐은 물론 여행 때 공항과 호텔간 리무진 서비스를 제공받는 등 예우도 한층 높아진다. 자격 점수 10점 이상인 수석다이아몬드 이상은 연속 달성 보너스 수혜 대상이다. 핀 달성 첫 해에 수석다이아몬드 약 3,000만원부터 파운더스 크라운 앰배서더 약 2억4천만원까지 지급되며 이듬해에 재 달성 시 지급 금액은 첫해 금액의 3분의 1 정도 된다.

자격 점수 10점 이상인 회원은 **자격점수 성장 인센티브 수혜** 대상이다. 지난해에 비해 자격 점수가 같거나 올라가면 1년 동안 받은 월간보너스 합계에 일정한 지급 비율을 곱한 금액이 지급되는데, 핀과 성장 구간에 따라 20%부터 130%까지에서 지급비율이 결정된다.

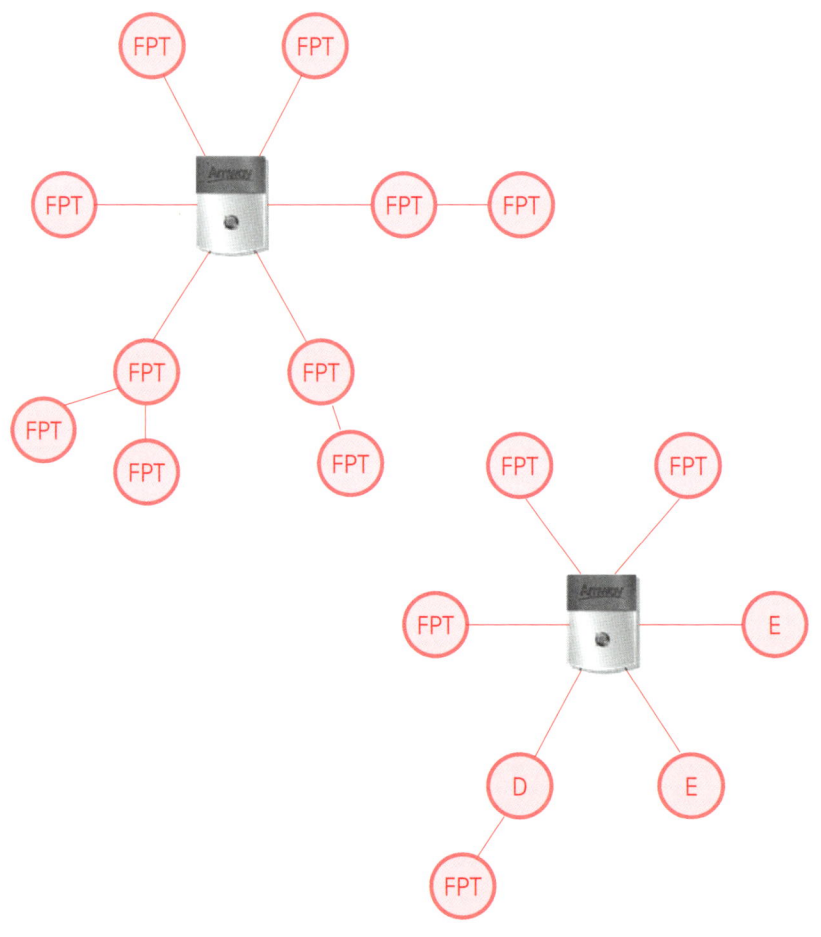

PIN	자격 점수	FPT 레그 수	레그당 한도
F. 크라운앰배서더	100	14	12
크라운앰배서더	88		
F. 크라운	76	12	
크라운	64		
F. 트리플 다이아몬드	52	10	9
트리플 다이아몬드	43		
F. 더블 다이아몬드	34	8	
더블 다이아몬드	25		
F. 수석 다이아몬드	16	6	6
수석 다이아몬드	10		

| 여행 프로그램(NCA; Non Cash Award)

여행 프로그램은 뉴 파운더스 플래티늄 세미나, 리더십 세미나, 에메랄드 아카데미, 다이아몬드 세미나, 다이아몬드 인비테이셔널이 있다. 뉴 파운더스 플래티늄 세미나는 처음으로 파운더스 플래티늄을 성취한 회원들을 대상으로 통상국내 관광지 호텔에서 1박2일로 개최되는 세미나인데, 장소와 일정은 가변적이다.

리더십세미나는 파운더스 플래티늄 이상을 대상으로 하는 5~6일의 해외여행이다. 리더십 세미나는 사업자 부부만이 아니라 가족까지 포함하는 가족여행으로도 자주 열린다. 이 때에는 3촌 이내의 가족을 포함해서 총 네 명까지 같이 참석할 수 있다. 리더십 세미나 총 참석자는 수천 명에 달하므로 보통 6~7차에 걸쳐 한 달 이상 이어진다. 해외 최고급 여행지에서 다양한 액티비티와 그리고 최고의 식사를 가족과 함께 즐기는 여행인데 비용은 전액 회사가 부담한다. 공항까지의 교통비도 별도로 지급한다. 개인이나 그룹으로 가는 보통의 여행들과는 차원이 다른 진정한 여행으로 리더십 세미나를 경험해 보면 암웨이의 기업이념 가족, 보상, 희망, 자유가 구체적으로 어떻게 실현되는지를 잘 느낄 수 있다. 동남아 각국은 물론 두바이, 하와이, 호주 등 매우 다양한 지역에서 열린다.

에메랄드 아카데미는 뉴 에메랄드를 대상으로 부산에서 3일간 개최되는데 장소는 변경될 수 있다. 다이아몬드 세미나는 다이아몬드 이상 전체를 대상으로 매년 열리는 세미나로서 보통 9~10월에 국내에서 개최된다.

다이아몬드 인비테이셔널은 다이아몬드 이상 부부를 대상으로 하는 1주일 가량의 해외 여행이다. 참석자가 모두 비즈니스 클래스 이상 좌석을 이용하는 여행이므로 리더십 세미나보다 더 수준이 높은 고급 여행으로 여행지도 더욱 다양하다.

매년 5천만원 이상의 소득을 올리면서 여유로운 해외 여행을 부담 없이 즐기는 삶은 조금만 노력하면 누구에게나 열려 있는 기회다. 나아가 매년 소득이 2~3억원에 달하면서 뉴질랜드에서 번지 점프하고 시드니에서 오페라를 감상하고 사포로에서 스키 타고 하와이에서 골프를 즐기는 다이아몬드 라이프 스타일도 누구에게나 가능하다.

액션 비즈니스 3

CHAPTER V

비전과 가치
꿈의 라이프 스타일을 나의 현실로

Introduction

행복은 어디에서 올까? 좀더 구체적으로 돈은 행복의 조건일까? 2010년에 노벨 경제학상 수상자인 다니엘 캐너먼(Daniel Kahneman)은 앵거스 디튼(Angus Deaton)과 함께 "고소득은 삶의 만족도는 향상 시키지만 행복을 높이지는 않는다"라는 논문을 발표해서 세계적으로 이목을 끌었고 우리나라 언론에서도 많이 보도되었다.

이들은 삶의 만족도 혹은 성취감(life evaluation)은 소득이 증가할수록 높아지지만(그림의 짙은 선) 행복은 계속 늘어나지 않는다고 주장했다. 그림처럼 스트레스는 없는 사람들(stress free)-우울하지는 않은 사람들(not blue)-행복한 사람들(positive affect)의 세 그룹으로 나누어 분석한 결과 소득(X축)이 증가함에 따라 행복도(emotional well-being)도 증가하기는 하지만 소득이 75,000달러 수준이 되면 더 이상 증가하지 않는 결과를 보여줬다. 그림에서 세 개의 가는 꺾은선은 6만~9만 달러 사이에서 기울기가 급격히 납작해지고 있다.

"행복은 만족과 다르다. 만족도가 높아진다고 반드시 더 행복해지는 것은 아니다. 즉, 소득 수준이 올라간다고 무한정 더 행복해지는 것은 아니다. 연 7만5천 달러면 된다." 이렇게 많은 사람들에게 안도감을 주는 쪽으로 해석

되면서 미디어, 블로그 등을 통해 널리 퍼졌다. 우리나라에서도 연 소득 8천 8백만원을 기준점으로 하는 비슷한 연구가 발표된 바 있다.

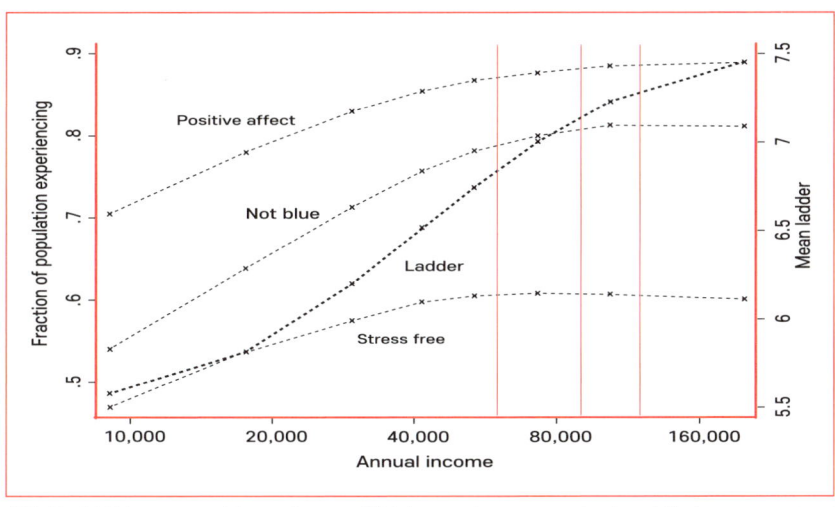

출처: Daniel Kahneman and Angus Deaton, "High income improves evaluation of life but not emotional well-being", 2010. PNAS

그런데 2023년에는 다니엘 캐너먼이 그동안 자신의 논문에 반대 의견을 주장해 왔던 킬링스 워스(Matthew A. Killingsworth)와 공동으로 연구한 새로운 결론을 발표했다. 이번엔 만족도는 제외하고 행복도만 다시 분석했는데 2010년 연구와는 매우 다른 놀라운 결과가 도출됐다. 원래 행복도가 낮은 그룹은 이전 연구와 같이 기준 소득 수준(이번엔 인플레이션을 반영한 97,000달러)이 되면 더 이상 행복도가 높아지지 않았는데, 점점 더 행복한 그룹으로 갈수록 기준 소득 수준이 넘어가면 오히려 행복도가 더 가파르게 높아지는 것으로 나타났다.

정리해 보면 소득이 높아질수록 삶에 대한 만족도 행복감도 모두 높아진다.
그러나 불행한(또는 그렇게 느끼는) 사람들은 소득이 일정 수준 이상으로 올라가도 그 만큼 더 행복하다고 느끼지 않는다.

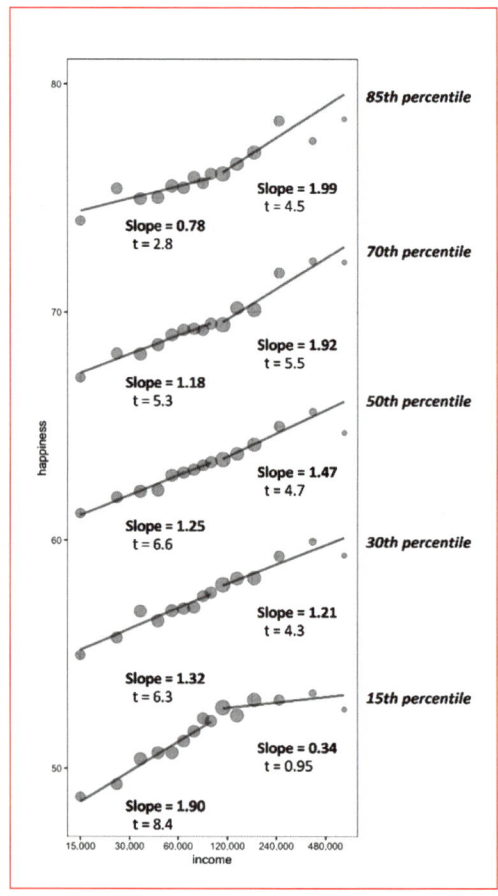

돈이 행복의 전부는 아닐 것이고 가장 중요한 조건이 아닐 수도 있다. 그러나 매우 중요한 조건임은 아무도 부인할 수 없다. 원하는 소득 수준이 되면 좀더 즐거운 꿈을 꾸게 되어 더 행복감을 느끼게 되고 그래서 또 다른 성취감과 행복함을 느끼기 위해 즐겁게 달려가는 것이 행복한 삶의 한 모습이 아닐까? 솔잎만 먹는 것이 운명이라고 받아들이고 안분지족(安分知足)하는 것이 더 어려운 일은 아닐까?

출처: Matthew A. Killingsworth, Daniel Kahneman, Barbara Mellers, "Income and emotional well-being: A conflict resolved", 2023. PNAS

암웨이 사업은 성장 산업
Action

성장하고 싶으면 성장하는 분야에 있어야 한다. 쇠퇴하는 분야에 있으면 내가 아무리 노력해도 성장하기 어렵다. 암웨이 사업의 성장성을 검토하는 것은 그런 면에서 매우 중요하다. 암웨이가 생산하는 제품 분야와 소비 패턴의 변화라는 두 가지 관점에서 볼 때에 시대의 흐름은 암웨이 비즈니스의 성장성을 적극 지지하고 있다.

암웨이 생산 제품군은 21세기 성장 섹터

21세기를 꿰뚫는 트렌드는 환경, 위생, 건강, 미용이라는 데에 이견이 없을 것이다. 기후 변화가 위기라는 인식이 높아지면서 환경이 인류 최대의 화두가 되고 있다. 유럽 연합(EU)은 2035년부터는 내연기관 자동차 생산을 전면 금지하고, 2030년까지 신재생 에너지 활용 비율 목표치를 당초 32%에서 42.5%로 더욱 높였다. 굴지의 글로벌 민간 기업들도 2050년까지는 재생에너지 사용률 100%를 달성하는 RE100(renewable energy 100) 협정에 대부분 가입했다. 환경은 미래의 일이 아니라 현재의 문제다.

위생은 저개발국의 일이라는 자만심에 코로나 창궐이 경종을 울렸다. 언제라도 이런 일은 되풀이될 수 있으므로 인류에게 위생은 영원한 문제라고 인식하게 됐다. 대기 오염, 물 오염은 마치 산업혁명기로 돌아간 듯한 위기의식을 촉발하고 있다. 일본의 방사능 폐수 방류는 우리나라에게는 불에 기름을 부은 격이 됐다.

건강하게 오래 사는 것은 우리가 타고난 꿈이다. 수명이 길어지면서 건강에 대한 인식이 높아지는 것은 그래서 당연하다. 병들어 아픈 채로 일이십년을 살고 싶은 사람은 없다. 청년 세대도 예외가 아니다. 기본적인 음식 문제는 해결했으나 건강에 위협이 되는 요소들은 더 많이 늘어나고 있다. 1인 가구가 많아지면서 '집밥'이 옛날 잔치 만나듯 반가울 정도로 식생활의 안정성이 극히 떨어지면서 역으로 건강에 대한 청년 세대의 인식은 더욱 높아지고 있다.

미용은 영원한 시장인데 특히 두 가지 관점에서 국내 화장품 시장은 크게 성장할 것으로 보인다. 첫째, 노령 인구가 늘어나면서 피부 미용에 대한 수요가 크게 증가하고 있다. 생활이 안정된 구매력 있는 노령 인구의 미용에 대한 관심은 당연한 일이다. 둘째, 미용과 관계가 가장 멀었던 젊은 남성들의 미용에 대한 수요가 폭발적으로 늘어나고 있다. 매일 팩을 사용하는 남성들이 드물지 않을 뿐 아니라 색조 화장을 즐기는 남성도 이제 자연스러운 일이 됐다. 이러한 점을 반영하여 국내 화장품 시장 규모는 15조원 수준으로 추산되고 있다.

암웨이의 첫 출시 제품인 L.O.C에서부터 시작된 지구 환경 보호라는 철학은 생산하는 모든 제품에 철저하게 배어 있다. 제품 용기와 배송 박스까지도 예외가 아니다. 정수기, 공기 청정기, 조리 기구 등과 퍼스널 케어, 홈 케어 제품들은 음식, 물, 공기, 그리고 위생을 보호하는 친환경 제품들이다. 시대의 흐름은 암웨이 사업이 가는 길에 문을 활짝 열고 있다.

가치 소비, 디깅 소비

소비자가 제품이나 서비스를 구매할 때 자신이 부여한 가치나 신념, 원칙을 우선으로 고려하여 평가하고 그 가치에 부합하는 제품을 선택하여 구매하는 소비 행태를 가치 소비(value consumption)라고 한다. 가치 소비자는 스스로 가치를 부여하는 제품은 가격에 관계 없이 과감하게 구매하지만 그렇지 않은 제품은 실속 있는 저렴한 제품을 선호한다.

가치 소비는 환경 보호, 기업의 사회적 책임, 윤리적 소비, 동물 보호 등으로 다양하게 표현된다. 예를 들어 가격이 좀 높더라도 친환경 세제, 동물 실험을 하지 않는 화장품, 공정 무역 커피와 같이 공정한 노동 조건에서 생산된 제품, 사회 기부 등 사회적 책임을 다하는 기업의 제품을 구매하는 것이다. 남에게 잘 보이기 위한 과시 소비나 단순히 가격이 저렴한 제품은 가치 소비자의 선택 대상이 아니다.

또 다른 형태의 더 적극적인 소비 패턴인 디깅 소비(digging consumption)라는 용어가 떠오르고 있다. '파다'라는 영어 단어 뜻 그대로 소비자가 선호하는 부문을 깊게 연구하여 구매할 제품을 선택하는 것을 말한다. 오디오, 와인, 낚시, 골프 등 매니아는 예전부터 많았지만 타인의 눈보다 자기 주체성이 더욱 강화되면서 일상에서 이런 소비 패턴이 더욱 늘어나고 있다. 원하는 제품이면 가격이 높아도 문제가 되지 않고, 가격이 아무리 낮아도 기준에 부합하지 않으면 소비자의 눈길을 받을 수 없다.

디깅 소비 중 특기할 만한 것이 헬스 디깅(health digging)이다. 질병 없는 건강부터 몸매 및 근육 증가에 이르기까지 건강에 몰입하는 추세는 우리나라는 물론 전세계적인 대세다. 이러한 추세를 반영하여 전세계 건강 식품 시장은 200조원이 넘는 것으로 추산되고 있다. (2022년 1,761억 7천만 달러) 우리나라 건강식품 시장도 빠르게 성장하여 2023년 현재 6조 2천억원 수준에 달한다.

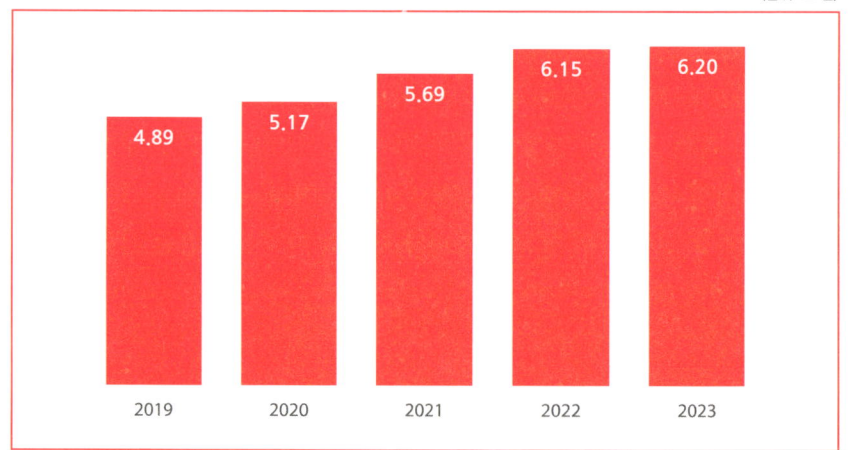

건강식품 시장규모 (단위: 조 원)

2019	2020	2021	2022	2023
4.89	5.17	5.69	6.15	6.20

출처: 한국건강기능식품협회

언텍트(un-tact), 지식 마케팅 시대

사람과 사람이 서로 직접 접촉하지 않는다는 뜻의 언텍트(un-tact) 시대가 도래하고 있다. 이러한 흐름은 코로나 팬데믹을 지나면서 더욱 가속화됐다. 세대를 가리지 않고 온라인 주문과 배송이 급격히 증가했다. 재택 근무 비율이 높아진 기업 문화도 크게 변화했다. 워라밸(work-life balance)이 중시되면서 회식은 옛말인 회사가 많아졌다. 직접 만나기 보다는 전화 통화로, 음성 통화보다는 메시지를 훨씬 더 많이 활용하고, SNS를 통한 익명의 소통이 대세가 되고 있다. 전체적으로 집단 내에서 개인의 세력이 더 강해지는 방향으로 변화하는 흐름이다.

그러나 이것이 반드시 다른 사람과의 교류를 싫어한다는 것을 의미하지는 않는다. 사람은 군중 속에서도 고독을 느낄 만큼 다른 사람과의 교류를 추구하는 사회적 동물이다. 다만 교류에 수반되는 불편함을 꺼리는 것일 뿐이다. 일반적인 정보는 온라인 상에 널리 공유되고 있다. 일상의 불편함은 유튜브만 봐도 아주 자세한 영상을 통해 해결할 수 있다.

그래서 운동과 같은 취미 생활에도 비용이 들더라도 1:1트레이닝을 선호하고, 일반적인 정보 보다는 자신이 원하는 것에 적합한 깊은 지식을 얻고 싶어한다. 지식 마케팅이 대세가 될 것이며 부가가치도 높을 것으로 예상하는 이유다.

웰니스 시장을 선도하는 뉴트리라이트는 마이크로 바이옴과 웰니스 랩을 시작으로 개인별 맞춤 건강 프로그램을 제공하는 방향으로 나아가고 있다. 단순히 제품을 광고하는 것이 아니라 개인 맞춤형 종합 건강 프로그램을 제시하고 그에 맞는 제품을 선정해 주며 지속적으로 관리하는 지식 마케팅의 대표적인 영역이 될 것이다.

암웨이 비즈니스는 소비자 뿐 아니라 사업자 간에도 1:1 관계를 기본으로 한 깊은 교류를 필요로 한다. 한 사람 한 사람의 건강한 소비와 함께 돈을 버는 비즈니스에 관해서도 가르쳐 주고 배우는 관계가 바탕이 되는 암웨이 사업은 이 시대에 잘 맞는 성장 비즈니스다.

누구에게나 열려 있는 확정적 성공의 기회
Action

　암웨이 사업은 과거가 어떻든 현재 상황이 어떻든 관계 없이 누구나 성공할 수 있는 확정적인 사업이다. 누구나 암웨이 사업을 통해 재정적인 문제를 해결할 수 있고, 한 걸음 더 나아가 꿈을 실현할 수 있다. '노력만 하면 내가 될 수 있다는 것'은 암웨이 사업 최고의 비전이다.

　사업을 하려면 자본, 인력, 아이템, 노하우 등 준비해야 할 것이 매우 많다. 잘 될 때나 그렇지 못할 때나 항상 자금은 부족하다. 마음에 맞는 사람을 구하는 것은 더 어렵다. 적절한 아이템을 찾아서 시작했더라도 그 시장이 몇 년이 갈지 알 수 없다. 새로운 일을 하려면 경험과 지식의 부족에 시달릴 수밖에 없다. 어려운 확률을 뚫고 이런 것을 모두 준비했더라도 끊임 없이 변화하는 세상에서 갑자기 어떤 일이 생길지 모르기 때문에 결국 사업은 운이 70%라는 말이 설득력을 얻는 것이다.

　암웨이 사업은 제품과 사업기회를 알려서 네트워크를 만드는 일이다. 나에게 사업을 알려 준 업라인은 나를 도와 주고, 나는 같이 사업을 하는 다운라인을 도와서 네트워크를 성장시킨다. 지식과 경험이 없어도 교육 시스템에서 모든 사업의 노하우를 배울 수 있다. 부자아빠의 비즈니스 스쿨의 저자 로버트 기요사키가 강조한 바로 그 시스템이다. 그래서 하루하루 결과에 좌우되지 않고 멀리 보고 꾸준히 걸어가면 도달하지 못할 가능성이 없는 일이다. 자본이 전혀 들지 않기 때문에 누구나 꾸준히 진행할 수 있다. 자본이 잠식되는 순간 더 이상 진행할 수 없는 일반적인 사업과 이 점에서 가장 다르다.

많은 사람들이 1억~3억원의 소자본으로 카페와 같은 사업을 시작한다. 임대료와 전기 요금 수도 요금 등 관리비 그리고 아르바이트 인건비 등을 제외하면 수익을 올리기 어려운 경우가 많다. 어느 정도 수입을 올리더라도 일정 기간이 지나면 기자재나 인테리어를 변경해야 하는데 이에 대비하여 감가상각비까지 충당한 경우는 보기 어렵다. 적자가 누적되어 1~2년을 버티지 못하는 안타까운 경우도 주변에서 흔히 볼 수 있다. 그래서 창업 후 2년 생존율이 50% 수준 밖에 안되는 것이다. 암웨이 사업이 얼마나 좋은 기회인지 판단하는 것은 어렵지 않은 일이다.

다음은 실제로 카페 창업주가 공개한 수입과 비용이다.

이 카페는 월 1450만원 매출을 올렸는데 1250만원을 지출해서 200만원이 남았다. 여기에서 권리금 및 임차보증금의 이자와 인테리어 및 기자재의 감가상각비를 추가로 고려해야 한다. 인테리어와 기자재를 준비하는 데 6천만원이 지출됐는데 3년 정도면 인테리어를 새로 해야 하므로 6천만원을 3년으로 나누면 월 170만원 정도를 충당금으로 쌓아 놓아야 한다. 실제로 비용으로 들어갈 금액이다. 권리금과 임차 보증금은 대출로 마련했다면 대출 이자를, 자기 자본으로 했다면 적어도 은행에 예치했을 때의 최저 이자를 계산해야 한다.

카페 창업 예

10평/ 인테리어 4천만원/ 기자재 2천만원/ 권리금 3천만원/ 임차보증금 3천만원

월 매출 : 1450만원
재료비(원가율) : 550만원 (38%)
월세 : 200만원
전기세, 수도 관리비, 잡비 : 110만원 (30 + 30 + 50)
파트 타임 (1명) : 130만원 (10:00 ~ 15:00 근무) [주휴 수당 추가 고려해야]
사장 본인 : 220만원 (12:00~21:00) [최저 시급 적용]
4대 보험 : 40만원
월 지출 계 : 1250만원

이익 : 200만원 (사장 인건비 포함 420만원)
▶ 인테리어, 기자재 감가상각 (3년) : 월 170만원 충당하면 [이익 30만원]
☞ 권리금과 보증금 이자 감안하면 사장의 최저 시급 외 이익이 없음

최종적으로 이 카페는 실제로 이익이 없다. 이런 점만 본다면 사장님은 위험을 무릅쓰고 카페를 창업해서 힘들게 경영하기 보다 다른 카페에 파트 타임으로 취직하고 보유 자금은 예금이나 투자를 하는 것이 더 현명한 선택일 것이다.

가계의 재정적 위험을 제거한다

Action

　가계의 재정적 위기는 보통 두 가지 상황에서 시작된다. 해고 등으로 수입이 단절되는 경우와 대출 원리금 부담이 가중되는 경우다. 금리가 낮아지면 부동산과 같은 자산 가격이 오르는 경우가 많다. 건설회사가 주 고객인 언론은 연일 부동산 가격 상승 기사를 쏟아낸다. 이런 시점에 금융기관도 대출 세일에 나서면 과도하게 대출을 일으켜 부동산을 사게 된다. 반대로 상황이 바뀌어서 금리가 오르면 대출 이자는 감당하기 어렵게 늘어나고 부동산 가격은 다시 하락 압력을 받는다. 그런데 부동산은 유동성이 가장 낮은 자산이기 때문에 되팔기가 어렵다. 투자 손실을 감수하고 팔려고 해도 매수자가 나타나지 않는다. 이것이 가장 빈번한 가계 재정적 위기의 원인이다.

　파운더스 플래티늄 즉, 1000만 PV 네트워크만 제대로 만들어 놓으면 매월 약 250만원, 연말보너스를 더하면 연간 5천만원 정도의 소득을 올릴 수 있다. 5천만원의 추가 소득은 금리 7%로 7억원을 대출했을 때 이자에 해당하는 금액이다. 암웨이 사업으로 준비돼 있다면 보통의 재정적인 위기는 우리집과는 무관한 일이다.

　갑작스러운 해고 등으로 수입이 단절되는 경우는 암웨이 사업으로 만든 추가 소득원이 있으면 걱정이 없다. 세상은 올라갈 때가 있으면 내려갈 때가 있기 마련이다. 직장생활을 성공적으로 잘하고 있을 때, 자영업에서 수익을 잘 올리고 있을 때 그 때가 바로 대비해야 할 때이다. 5년 후 유망한 기업 주식을 사는 마음으로 암웨이 사업을 시작할 때다.

미래를 대비하는 최상의 연금이다

Action

퇴직 후 기간을 대비하려면 얼마를 준비해 놓아야 할까? 사람마다 차이가 있지만 월 300만원 수준이면 좋겠다는 응답이 가장 많다. 이것이 가능하려면 지금 얼마를 만들어야 할까? 대비해야 할 기간을 30년으로 가정하고 필요한 금액을 계산해 보자.

연간 필요한 금액은 3,600만원이지만 물가를 반영해야 한다. 그림은 매년 물가가 2.5%씩 오르는 경우 지금의 3천6백만원과 같은 가치를 갖는 금액을 연도별로 나타낸 것이다. 1년 후에는 3,690만원, 10년째에는 4,500만원, 20년째 5,760만원, 30년째 7,370만원이 된다. (그림의 윗 쪽 그래프 참고)

그러나 합계 15억8천만원이 노후 생활 첫 해에 모두 필요한 금액은 아니다. 자금을 운용해서 수익을 내면 되므로 실제로 필요한 금액은 이 보다는 작다. 매년 3.5% 정도 안정적으로 수익을 낸다고 가정하면 10년 째 필요한 금액 4,500만원은 첫 해에 준비한 3,300만원으로 해결할 수 있다. [10년 째 4,500만원의 현재가치는 3,300만원이다] 그림의 아래 부분 그래프가 각 해의 현재가치 금액이며, 이를 합하면 9억 4천만원이 된다. 이 내용을 다 이해할 필요는 없다. 다음 페이지의 결과만 읽어도 된다.

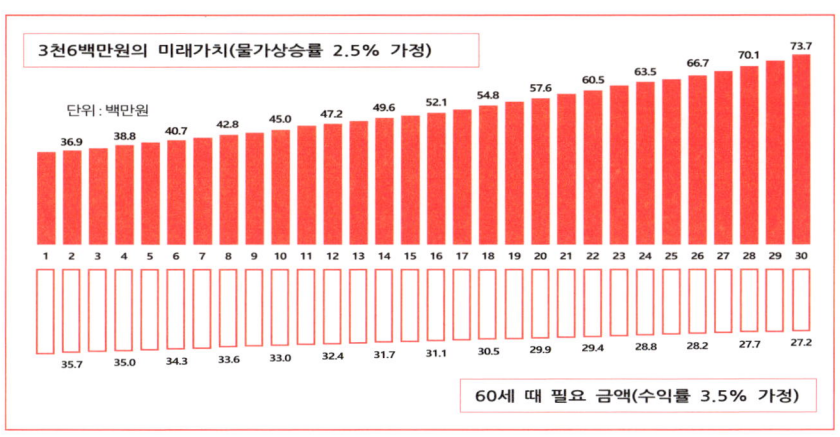

　중요한 것은 노후 생활 첫 해에 9억 4천만원이 준비돼 있어야 그로부터 30년간 매월 300만원씩 생활비를 쓸 수 있다는 것이다. 연금이 150만원 있으면 4억 7천만원을 만들어야 한다. 보통 사람들이 준비하기엔 현실적으로 거의 불가능한 금액이다. 그래서 연금이 반드시 필요하다. 그런데 국민연금과 같은 공적 연금은 안정적이긴 하지만 경제활동 인구가 빠른 속도로 줄고 있어 걱정이 되고, 사적 연금은 운용기관의 안정성이나 운용 수익률이 어떨지 믿기 어렵다. 여기에 나의 미래를 맡기는 것은 순진하거나 무책임한 생각일 수 있다.

　암웨이 보너스는 단절될 위험이 전혀 없고, 물가가 오르는 대로 같이 늘어나기 때문에 노후를 준비하는 데에는 별도의 큰 자금을 마련할 필요도 없다. 노후 대비는 파운더스 플래티늄 네트워크만 만들면 충분한 대비가 된다. 그 이상의 수입은 여유 있고 멋있는 노년의 삶을 보장한다. 암웨이 보너스는 최상의 연금이다.

큰 수입의 기회는 언제나 열려 있다
Action

네트워크의 자산가치나 소득의 연속성이라는 장점 외에 단순히 소득의 크기 관점에서도 암웨이 보너스는 경쟁력이 매우 높다. 비교를 위해 우리나라의 소득 분포를 먼저 보자. 그림은 2023년 각 소득 구간별 연평균 소득이다. 상위 0.1%의 평균 소득은 약 18억원, 0.1%~1% 구간은 4억8천만원이고 하위 10%의 평균 소득은 210만원에 불과하다. 상위 0.1%가 전체 소득의 4.5%

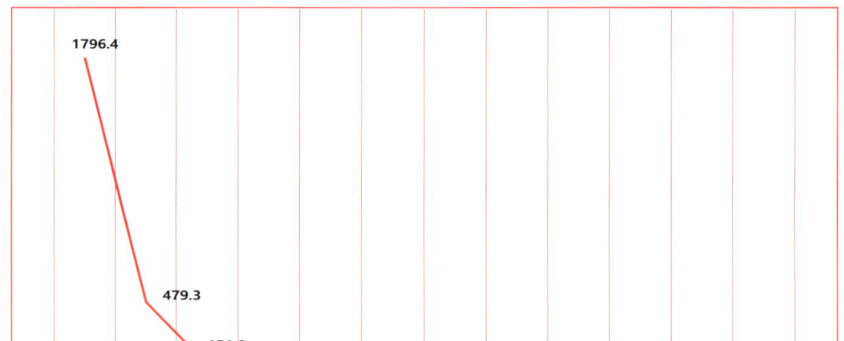

출처: 양경숙 국회의원실 보도 자료

를 차지하고, 1%까지는 11.9%, 10%까지는 37.6%를 차지한다. 그 만큼 부가 불평등하게 배분되고 있음을 의미한다.

상위 0.1%에 들려면 연 소득이 7억4천만원을 넘어야 한다. 약 3억원 이상이면 1%, 약 1억원 이상이면 5%이고 상위 10%에 드는 소득은 8천만원 이상이다.

파운더스 플래티늄의 보너스 합계는 대략 5천만원 정도이므로 상위 20%~30% 구간에 든다. 에메랄드~파운더스 에메랄드는 상위 10% 이내, 다이아몬드는 1억원이 넘으므로 상위 5%, 그리고 수석 다이아몬드는 3억원 수준인 상위 1% 이내에 드는 소득이다. 트리플 다이아몬드 정도면 상위 0.1%에 소득 구간에 해당된다.

암웨이 보너스는 주 수입원으로도 충분히 높은 수준인데, 본래 직업이 있으면서 이 정도의 소득이 추가되면 정말 여유로울 것이다. 게다가 대부분은 50대에 소득이 정점을 맞는데 암웨이 보너스는 시간이 갈수록, 바꿔 말하면 나이가 들수록 점점 더 커지는 경향이 있다. 누구나 꿈꾸는 환상적인 상황이다.

암웨이 사업의 가치 – 자유
Action

지금의 수입이 평생 계속될 것이 확실하다면 막연한 경제적 불안감에 시달리지 않는다. 수입 금액이 크면 좋겠지만 충분히 크지 않더라도 그에 맞춰 계획대로 살 수 있기 때문이다. 필요한 경우에 수입 금액을 늘릴 수 있으면 금상첨화다.

암웨이 비즈니스 수입은 연속적이다. 평생 계속된다. 아니 회원번호 상속이 가능하므로 사후에도 계속되는 자산 수입이다. 게다가 1~2년 후 예상되는 좀더 큰 지출이 있다면 노력을 더 기울여 수입을 늘릴 기회가 열려 있다. 평생 수입이 있으며 동시에 금액도 상당 부분 내가 정할 수 있다면, 비로소 돈으로부터 자유로워질 수 있다. 돈이 모든 것을 해결해 주는 것은 아니지만, 대부분의 경우 돈이 우리를 근심하게 하고 근심이 육체와 정신의 건강을 해치고 사회를 병들게 한다. 자본주의 사회에서 돈으로부터 자유롭게 살 수 있다는 것은 엄청난 가치다.

돈으로부터 자유로우면 시간을 내 계획대로 쓸 수 있다. 돈 버는 일에 대부분의 시간을 쓰고, 일하는 데 필요한 에너지를 얻기 위해 휴식하는 현대인의 일상을 타파할 수 있다. 자신이 진정으로 원하는 일에 자신의 시간을 활용할 수 있다. 시간으로부터도 자유로워지는 삶이다.

돈과 시간으로부터 자유로워지면 드디어 내 삶을 내가 선택할 수 있게 된다. 우리는 자유로운가? 헌법으로 자유가 보장된 국가에서 살면 자유로운가? 가고 싶은 곳에 가고, 하고 싶은 일을 하고, 보고 싶은 것을 보고, 먹고 싶은 것을 먹고, 살고 싶은 곳에 사는 자유는 재정적인 자유와 시간의 자유가 바탕이 되어 있어야 누릴 수 있는 것 아닐까?

암웨이 비즈니스는 벽돌을 한장한장 쌓아 올리는 것처럼 하루 하루의 노력을 모아 네트워크를 만들어 가는 일이다. 그러므로 누구나 자신이 목표한 지점에 도달할 수 있는 확정적인 사업이며, 그 과정에서 들이는 노력이 어느 하나도 소모되지 않고 축적되는 일이다.

그 노력의 결과는 경제적 자유와 매년 1~2회 이상의 화려한 해외 여행으로 대변할 수 있는 내가 누리고 싶은 라이프 스타일이다. **축적, 자유 그리고 라이프 스타일은 개인적 관점에서 본 최고의 가치이다.**

암웨이 사업의 가치 – 더불어 사는 자본주의
Action

　암웨이 사업의 꽃인 다이아몬드는 적어도 6명의 친구가 플래티늄을 성취하도록 도와 주었음을 의미한다. 연 1억 5천만원 정도의 수입을 올리려면 적어도 6명이 연 3천만원~5천만원의 수입을 올리도록 도와줘야 한다는 것이다. 이렇게 자신의 목적을 달성하기 위해서 남을 돕는 일, 바꿔 말하면 다른 사람의 목적 달성을 도와 줄수록 그에 대해 보상을 받는 일이 암웨이 사업이다. 즉, 타인의 성장이 나의 사업이다.

　암웨이 비즈니스는 평생 사업이므로 나의 성공을 도와주는 업라인 스폰서와도, 내가 주로 도와주는 다운라인 파트너와도 평생 친구가 된다. 서로 성공을 도와주고 성공을 간절히 기원하는 상생(win-win)의 사업이다. 사업을 같이 진행하면서 매년 여행도 함께 하는, 세대에 관계 없이 친구가 되는 친구부자사업이다.

　암웨이 공동 창업자는 "스스로의 노력으로 성공을 꿈꾸는 모든 사람에게 성공의 기회를 제공한다"는 철학으로 창업하고 그 철학을 지켜왔다. 공동 창업자인 리치 디보스의 유명한 저서의 제목도 "더불어 사는 자본주의"다. *(영문 제목은 "Compassionate Capitalism")*

자본주의를 약육강식과 비슷한 뜻으로 이해하면 일견 "더불어 사는"과 "자본주의"는 어울리지 않는 두 낱말로 느껴질 수 있다. 그러나 근대 이후 시민 인권의 역사가 앞선 대부분의 유럽 국가에서 복지는 고소득자가 저소득자에게 주는 것이 아닌 보편적으로 당연한 일로 받아들여지고 있다. 진정한 자본주의는 더불어 사는 것이어야 한다. 이런 철학이 깊게 베어 있는 사업이 바로 암웨이 사업이다.

그런 면에서 타인의 아픔과 어려움에 공감할 줄 아는 선(善)한 사람들에게 암웨이 사업은 사회적 책임을 다하는 노블레스 오블리주(noblesse oblige)의 따뜻하고 품 넓은 삶을 가능하게 해주는 선물이다.

이 팀장 암웨이 사업을 만나다

Action

바쁘게 살던 어느 날 후배들의 이야기에서 정신이 번쩍 든 이 팀장, 몇 주 동안 시대의 흐름에 대한 강의를 듣고 시야가 넓어지는 느낌이었다. 그러나 구체적으로 무엇을 어떻게 해야 할지 답을 구하지 못해 고민은 오히려 더 깊어지고 있다.

>주식 투자를 좀더 늘려야 할까?
>부동산 투자에 나서 볼까?
>편의점이나 카페를 창업해 보는 건 어떨까?
>모두 리스크가 감당할 수 있는 수준인지 판단이 어렵다.
>팀 후배들에게 물어 볼까 했지만 그 건 좀 민망하다.

옆 팀 입사동기 김 팀장에게 이런 고민을 털어놓고, 퇴근 후에 얘기를 좀 더 나누고 싶어 맥주 한잔 하자고 했다. 같이 퇴근하면서 김 팀장이 맥주 한 잔 하기 전에 먼저 보여줄 것이 있으니 어디 좀 같이 가자고 한다.

강의장엔 사람들이 꽤 많이 있었다. 김 팀장이 좀 이따가 얘기 나누자고 하고 사라지더니 스크린에 암웨이 마케팅 사업이라는 슬라이드가 열린다. 깜짝 놀란 것은 그 아래 써 있는 강사 이름이었다. 다이아몬드 김 ○○!

제 마음을 움직인 건 딱 한 음절 꿈이라는 말이었습니다. 처음에는 저도 암웨이 사업이 생소하고 불편했습니다. 그런데 어느 순간 꿈을 생각하게 되면서 잘 나가는 직장인이라 자부하던 제 삶을 되돌아보게 되었습니다. 내가 하고 싶은 일이 무엇인지 멀리 잊은 채 누구인지 모를 어떤 존재가 출제하는 문제만 풀고 있는 것은 아닌지, 내가 내 삶의 주체인지 이런 생각을 깊이 하다가 암웨이 사업을 해보기로 결정했습니다. 기회는 누구에게나 열려 있지만 선택은 여러분이 하는 것입니다. 길지 않은 시간이니 마음을 열고 들어봐 주시기 바랍니다.

다이아몬드 김 팀장의 강의가 본격적으로 이어졌다.

모든 사업에는 노동과 자본이 필요합니다. 그런데 암웨이 사업은 자본은 필요 없고 노동 시간도 자기가 결정하는데 누구나 확정적으로 인적 네트워크라는 무형의 자산을 만들어 연속적인 소득원을 만드는 일입니다. ……. 자기 자산이므로 대대손손 상속 가능한 패밀리 비즈니스입니다. ……. 처음에는 제품을 광고하는 일로 보입니다. 맞습니다. 그런데 제품과 함께 사업 기회를 광고하는 일입니다. 암웨이 사업은 이에 그치지 않고 라이프 스타일을 광고하는 일입니다. 결국은 친구와 손을 잡고 멋진 라이프 스타일을 공유하는 환상적인 비즈니스입니다.

이미 놀라 있던 상황이라 강의 내용은 이 정도 밖에 기억나지 않았다. 친절하지만 말이 별로 없고 이성적인 사람이라 회사 내에서 샤프 김이라는 별명을 얻고 있는 김 팀장의 열정적인 모습이 새로웠다. 그 에너지가 나에게도 밀려 오고 있는 느낌이었다. 부러웠다. 강의 말미에 확신에 찬 열정으로 던지는 몇 마디는 그대로 날라와 가슴에 새겨졌다.

사는 게 다른 사람들은 사는 게 다릅니다. 남과 다른 행동으로 쌓아, 올린 지난 하루하루가 오늘의 남과 다른 여유로운 삶을 만들었다는 말씀입니다……윈스턴 처칠이 성공이란 열정을 잃지 않고 실패를 거듭하는 능력이라고 말했습니다……진정한 믿음은 기우제를 지내러 갈 때에 우산을 가지고 가는 태도라는 말이 있습니다. 자신을 믿어야 합니다.

암웨이 사업에 생각이 있으시면 어떻게 해야 할지는 고민하지 않으셔도 됩니다. 사업 노하우와 시스템이 준비되어 있고 서로 돕는 원윈 사업입니다. 다만, 아무도 도와줄 수 없는, 스스로 준비해야 하는 것이 하나 있습니다. 그것은 바로 꿈입니다. 꿈은 스스로 준비해야 합니다. 당신의 멋진 미래를 상상하는 데 성공해야 합니다.

별보다 빛나는 당신의 아름다운 일상을 기원합니다. 감사합니다.

이 팀장의 꿈
Action

강연이 끝난 후에 간단히 생맥주를 마시면서 김 팀장의 수입은 대략 얼마나 되는지, 정말로 1년에 두 차례 씩 럭서리한 해외 여행을 돈 한푼 안들이고 다니는지, 나도 할 수 있는지, 어떻게 하면 되는지, 직장 생활과 정말로 양립 가능한지 폭풍 질문을 쏟아냈다.

다시 조용한 미소로 친절하게 들려주는 김 팀장의 답변을 들으며 학력도 경력도 비슷한 두 팀장의 라이프 스타일이 이미 엄청나게 다른 것이 부러우면서 놀라웠다. 그런데 더욱 부러운 것은 경제 문제를 이미 거의 해결한 중년 직장인인 김 팀장의 꿈이었다. 그의 꿈은 중고등학생 때나 가능했던 그런 크기였다.

사업을 하기로 결정했다. 아내도 함께 하기로 했다. 시작은 꿈이라고 하는 김 팀장의 조언에 따라 새로운 마음으로 꿈을 적어 본다.

Dreams come true!

1. 과제 해결: 걱정 없이 산다.

신용카드에 의존하지 않는다. 체크 카드로 바꾼다.
대출금을 전액 상환한다.
월급의 10%를 문화(책 구입, 공연 감상) 활동에 쓴다.
아이들의 유학 자금을 마련한다.

2. 버킷리스트: 멋있게 산다.

살고 싶은 집을 짓고 산다 (공동 주택은 싫다)
음향 시스템이 완벽한 홈 시네마를 갖춘다.
세계 100대 골프장을 순회한다.
아르헨티나에서 탱고를, 쿠바에서 재즈를, 스페인에서 플라멩코를 본다.
런던에서 장기 공연 뮤지컬을 한 달 동안 머물며 본다.
매년 발표되는 월드 베스트 50 레스토랑 중 10곳 이상 가본다.
동서양 철학 책을 두루 읽는다.
경제학 공부를 한다.

3. 노블레스 오블리주: 더불어 산다.

올바른 역사 연구를 후원한다.
마이크로 펀드를 만든다.
장학 재단을 설립한다.
젊은이와 가난한 젊은 예술인을 위한 문화 공간을 건립한다.

이 팀장의 꿈(dream board)

POSTACTION

나의 운전 실력은 상위 50%는 된다고 믿는가?
나는 직장에서 업무 실력이 상위 50%는 된다고 믿는가?

이 두 가지 질문에 그렇다고 답한 사람이 90%를 넘는다. 90%가 상위 50%일 수는 없는데 말이다. 사람은 대부분 자신을 과신한다. 자기 과신의 함정(overconfidence trap)에서 빠져 나오기는 매우 어렵다. 새로운 정보에 항상 마음을 열어 두려 노력해야 한다. 그렇지 않으면 확증 편향(confirmation bias)에 빠져 이솝우화의 여우처럼 달고 맛있는 포도를 신포도라고 하는 냉소적인 태도를 갖게 된다. 냉소적인 태도로는 원하는 바를 이루기 어렵다. 냉소적인 것은 쿨(cool)하지 않다.

인류를 처음 달에 보낸 것은 1969년 아폴로 11호였다. 그 발사 장면은 전 세계에 생중계될 정도로 엄청난 사건이었다. 당시 우리나라에서도 한 동네에 몇 개 없던 흑백 TV 앞에 모여 지켜 보던 모습은 지금도 쉽게 찾아볼 수 있다.

인류를 처음 달에 보낸 것은 누구였을까? 아폴로 11호 우주선을 만들어낸 수많은 엘리트 과학자들이 보낸 것일까? 토끼가 방아 찧던 수백 년, 수천 년 전부터 달에 가고 싶은 사람들의 꿈이 마침내 스스로를 달에 보낸 것은 아닐까?

바로 그 꿈이…

　미국의 성공한 흑인 사업가 크리스 가드너(Chris Gardner)의 실화를 바탕으로 한 영화 행복을 찾아서(the PURSUIT of HAPPYNESS)에서 주인공 윌스미스는 아들(윌 스미스의 실제 아들이라고 한다)에게 아버지가 해줄 수 있는 가장 멋진 말을 남긴다. 매일 아침마다 내 귀에 대고 들려주고 싶은 말이다.

아들! 누군가가 너에게 너는 할 수 없다는 말을 하면 절대 귀담아 듣지 마라.
그 누군가가 아빠라도 말이다, 알았지?
너에게 꿈이 있으면 그 걸 지켜야 돼.
사람들은 자기들이 무언가를 할 수 없을 때, 네가 할 수 없다고 말한단다.
원하는 것이 있으면 가서 쟁취해. 그러면 돼

Hey. Don't ever let somebody tell you. You can't do something.
Not even me. All right?
You got a dream, you gotta protect it.
People can't do something themselves, they wanna tell you that you can't do it.
If you want something, go get it. Period.